Easy Learning
Korean

쉽게 배우는
한국어 회화

부산외국어대학교 한국어문화교육원

중급 1

머리말

최근 한국어를 배우려는 학습자들의 증가와 더불어 학습자들의 목적이 다양해짐에 따라 한국어 교재 역시 다양해져야 할 필요성을 느끼게 되었다. 학습자들의 다양성에 따른 교재란, 단계에 따른 교재, 학습 영역에 따른 교재, 다양한 목적에 따른 교재 등이 이에 포함될 수 있다.

단계에 따른 교재란 한국어 교육 과정에 따른 교재를 말하기도 한다. 즉 대체로 한국어 교육과정은 초·중·고급 단계를 가지고 있으며, 세부적으로 초급은 다시 1·2급, 중급은 3·4급, 고급은 5·6급으로 다시 나뉘어 진행된다. 따라서 교재도 이에 부합하여 개발될 필요가 있다.

학습 영역에 따른 교재란 과거의 통합형 교재에서 벗어나 언어 영역별 특성에 따라 개발한 분리형 교재를 말한다. 통합형 교육은 모든 언어 영역을 아우르는 것이 그 목적이지만 실제 그 모든 영역을 고루 발달시키기는 어려우며, 어느 한 쪽 영역이 소홀해질 우려가 크다. 따라서 4가지 언어 영역의 특징에 따른 언어를 향상시키되, 결과적으로 이들이 통합된 언어 기능 향상을 가져올 수 있는 분리형 교육이 필요하며, 이를 위한 교육 자료로서의 분리형 교재 역시 필요하다.

한국어를 배우고자 하는 목적은 이주여성과 외국인 노동자, 외국인 일반인, 외국인 대학생 등에 따라 다를 수밖에 없다. 그럼에도 불구하고 이들의 교재가 같다면 외국인 학습자들이 배워서 활용하고자 하는 한국어 교육 목표에 도달할 수 없다.

이상을 고려하여 부산외국어대학교 한국어문화교육원 교재개발팀은 외국인 대학생들이 주로 사용할 수 있는 성인 학습자용 분리형 교재를 개발하였다. 개발된 교재는 학습단계에 따라 초·중·고급용 교재를, 분리형 교육을 위해 초급용인 '말하기-듣기', '읽기-쓰기', '활용' 교재, 중급용인 '회화', '독해', '작문' 교재가 있으며, 문법, 어휘, 문화 교재도 개발하였다.

이 중, 중급 교재는 다시 학습 대상자의 수준을 고려하여 두 단계로 차별화하여 'Ⅰ, Ⅱ' 권을 만들었다. 그런데 이렇게 개발한 교재를 실제 외국인을 위한 한국어 수업에 사용해 본 결과 문제점과 미비점이 나타나 먼저 Ⅰ에 대해 수정·보완하여 이번에 내놓게 되었다.

이상과 같은 취지 아래 제작된 중급 한국어 교재 중 이 책은 「한국어 회화 중급 1」에 해당된다. 회화는 듣기와 말하기 중심으로 일상생활에서의 의사소통이 가장 중요한 학습 목표라고 할 수 있다. 따라서 이 책의 각 단원은 초급 한국어 듣기와 말하기에서 한 단계 나아간 수준의 한국어 듣기와 말하기를 통해 한국어와 관련된 지식적인 측면뿐 아니라, 일상생활을 해 나가는 데 필요한 청취·발화 현상을 다루고자 한 것이다. 특히 외국인 대학생들의 일상생활이란 주로 대학에서 이루어진다는 점을 고려하여 대학생활 중심의 실제 상황을 설정하고 활용한 대화를 적절히 교재 속에 포함시켰다.

아무쪼록 많은 한국인 유학생과 일반인들이 이 책으로 훌륭한 한국어 청취 능력과 구사 능력을 키울 수 있기를 바라는 바이다.

이 책은 부산외국어대학교와 교육인적자원부의 지원에 의한 한국어학습교재 제작사업의 일환으로 이루어진 것이다. 교재 제작에는 한국어 교육의 현장 경험이 있는 사람들이 참여하였는데 부산외국어대학교 교재제작팀원 전체가 기획한 것을 중심으로 한국어 문화 교육원 교사인 이동연, 구지은 선생과 이양혜 교수가 함께 개발한 책을 다시 깁고 더한 후 랭기지플러스 출판사의 도움을 받았다.

이 책이 나오기까지 정책적 지원을 해준 교육인적자원부와 부산외국어대학교 관계자 여러분, 랭기지플러스의 엄호열 회장님과 엄태상 이사님께 감사드린다. 특히 바쁜 시간 중에 이 책을 위해 몸과 마음을 함께 담아온 부산외국어대학교 교재팀과 랭기지플러스 편집팀의 노고를 마음에 깊이 새기고 싶다.

2009년 8월
교재 개발팀을 대표하여 이양혜 씀

일러두기

「쉽게 배우는 한국어 회화 중급 1」은 중급 단계의 한국어 학습자를 대상으로 집필되었다. 이 교재는 한국어를 배우는 학습자들이 좀 더 쉽고 재미있게 한국어를 배울 수 있도록 하는 데 그 목적이 있다. 회화 교재이기 때문에 의사소통적 관점으로 문형보다는 실제 생활에서 필요한 언어 상황과 말하기 기능을 중심으로 구성하였다. 또한 한국인이 자주 사용하는 어휘 및 표현을 정리하여 제시하였다.

본 교재는 총 15과로 구성되었는데 일반적인 주제에서부터 대학생활과 관련된 주제까지 다양한 주제를 다루고 있다. 각 과의 구성은 다음과 같다.

 들어가기   각 단원의 주제와 관련된 그림과 짧은 듣기를 통해 단원에서 배울 내용을 자연스럽게 도입할 수 있다. 그리고 단원의 주요 학습목표가 함께 제시된다.

 대화   각 단원의 주제와 관련된 어휘와 문형이 실제 대화상황에서 어떻게 사용되는지를 보여주는 대화문으로 대화 1과 대화 2로 구성되어 있다. 대화 1은 조금 짧은 대화문이고, 대화 2는 대화 1보다 확장되고 심화된 형태의 대화문이다. 각 대화문 옆에는 그 단원에서 알아야 할 중요 문형과 표현이 간단하게 제시되어 있다.

 대화 연습   대화문에서 제시된 표현 및 문형을 사용하여 주제와 관련된 다양한 상황에서의 대화를 연습할 수 있다.

 어휘 및 문형   대화 1과 대화 2에서 배운 어휘 및 문형이 정리되어 있다.

 확인 학습   각 단원에서 배운 문형을 사용하여 주어진 대화문을 완성하는 것으로 학습자들이 실제 대화 상황에서 배운 문형을 쉽고 자연스럽게 사용할 수 있도록 도와준다.

 활동   단원의 마무리 단계로 말하기 활동과 듣기 활동으로 구성되어 있다. 말하기 활동은 학습자의 창의적인 활동이 가능하도록 이루어져 좀 더 실제적인 의사소통능력을 향상시킬 수 있도록 구성되어 있다. 듣기 활동은 실제적인 듣기 상황에 중점을 두어 학습자들의 듣기 능력을 향상시키는 데 도움을 준다.

차 례

머리말		2
일러두기		4
차례		5
등장인물 소개		6
제1과	안부	7
제2과	외모	25
제3과	음식	45
제4과	질병과 치료	63
제5과	학교생활	81
제6과	여행	99
제7과	감정	119
제8과	성격	137
제9과	문화생활	155
제10과	주거	171
제11과	정보	191
제12과	초대와 방문	211
제13과	후회와 실수	227
제14과	경제와 생활	243
제15과	취업과 면접	259
듣기 대본		276
듣기 모범 답안		289

등장인물 소개

마이클
미국인
대학교 2학년 남학생

진진
중국인
대학교 3학년 여학생

유키
일본인
대학교 2학년 여학생

왕호
중국인
대학교 4학년 남학생

민수
한국인
대학교 4학년 남학생

지영
진진의 한국인 친구
대학교 3학년 여학생

제임스
민수의 영국인 친구

현우
민수의 형, 회사원

미영
회사원

대화 ❶

유키	안녕하세요? 그동안 잘 지냈어요?
마이클	네, 오래간만이에요. 방학은 잘 보냈어요?
유키	네, 잘 보냈어요. 마이클 씨는 방학 동안 뭐 했어요? 소식이 없어서 궁금했어요.
마이클	친구와 함께 한국에서 유명한 관광지 몇 곳을 가 봤어요. 유키 씨는 방학 동안 뭐 했어요? 피곤해 보여요.
유키	방학 동안 일본에 있었어요. 어제 저녁에 한국에 도착해서 조금 피곤해요.
마이클	얼마 만에 일본에 간 거예요?
유키	1년 만에 갔어요.

방학
소식
궁금하다
유명하다
관광지
곳

주요 문형

- –만에
- –아/어/여 보이다

유용한 표현

- 그동안 잘 지냈어요?
- 오래간만이에요.
- 소식이 없어서 궁금했어요.
- 얼마 만에 간 거예요?

발음

- 소식이 [소시기]
- 없어서 [업서서]
- 도착해서 [도차캐서]

대화 연습

연습 ① 〈보기〉와 같이 이야기해 봅시다

[영어 공부를 하다, 고향에 다녀오다]

가 오래간만이에요. 방학 동안 뭐하고 지냈어요?
나 영어 공부를 했어요. ○○ 씨는 방학 동안 뭐 했어요?
가 저는 고향에 다녀왔어요.
나 고향에서 뭐 했어요?
가 친구들과 같이 영화도 보고 이야기도 했어요.

1

[운전면허를 따다]

[유럽 배낭여행을 다녀오다]

2

[책을 많이 읽다]

[아르바이트를 하다]

연습 ❷ 〈보기〉와 같이 이야기해 봅시다

[슬프다, 강아지를 잃어버리다]

가 무슨 일 있어요? 슬퍼 보여요.

나 강아지를 잃어버렸어요.

가 많이 슬프겠어요.

나 어제부터 찾고 있는데 찾을 수가 없어요.

1

[기쁘다]

[장학금을 받다]

2

[아프다]

[2주 전에 수술을 받다]

대화 ❷

현우	왕호 씨, 정말 오랜만이에요. 이게 얼마 만이에요?
왕호	아마 2년쯤 되었죠?
현우	그동안 잘 지냈어요? 요즘도 여전히 바빠요?
왕호	네. 아르바이트 때문에 항상 바쁘게 살아요. 현우 씨는 요즘 어떻게 지내요?
현우	저는 졸업하고 현대자동차에 취직했어요.
왕호	취직한 줄 몰랐어요. 회사 일은 재미있어요?
현우	네, 제가 자동차에 관심이 많아서 회사 일이 참 즐거워요.
왕호	여자 친구와 계속 잘 지내고 있어요?
현우	네, 잘 지내고 있어요. 아마 내년에 결혼할 것 같아요.
왕호	정말이에요? 축하해요.

쯤
요즘
여전히
취직하다
관심
참
아마

주요 문형

- -(으)ㄴ 줄 알다/모르다
- -(으)ㄴ/는/(으)ㄹ 것 같다

유용한 표현

- 이게 얼마 만이에요?
- 요즘도 여전히 바빠요?
- 요즘 어떻게 지내요?
- 취직한 줄 몰랐어요.
- 결혼할 것 같아요.

발음

- 어떻게 [어떠케]
- 졸업하고 [조러파고]
- 몰랐어요 [몰라써요]

대화 연습

연습 ❶ 〈보기〉와 같이 이야기해 봅시다.

손요   혹시 미영 씨 아니에요?
미영   네, 맞는데요.
손요   와! 오래간만이에요. 저 모르시겠어요?
미영   아~손요 씨구나. 정말 반가워요. 이게 얼마 만이에요?
손요   <u>2년</u> 만이에요. 미영 씨는 여전히 예쁘네요.
미영   고마워요. 손요 씨는 지금도 학생이에요?
손요   아니요, <u>작년</u>에 <u>졸업했</u>어요.
미영   그래요? <u>졸업한</u> 줄 몰랐어요.

1 [3년, 얼마 전, 결혼하다]

2 [5년, 3개월 전, 회사를 그만두다]

연습 ❷ 〈보기〉와 같이 '(으)ㄴ/는/(으)ㄹ 것 같다'를 사용하여 이야기해 봅시다.

[교실에 있는데 물이 떨어지는 소리가 나요.]

가 비가 오는 것 같아요.
나 아니에요. 어떤 사람이 꽃에 물을 주고 있는 것 같아요.

1 [민수가 교실에 없어요.]

가
나

2 [유키가 남자 친구의 전화를 받은 후에 계속 울어요.]

가
나

3 [교실 밖에서 아주 시끄러운 소리가 들려요. / 사람들이 큰 소리로 이야기를 하고 있어요.]

가
나

4 [한 남자가 1시간 동안 한 여자만 바라보고 있어요.]

가
나

어휘 및 문형

어휘

■ 오랜만에 만난 친구에게 어떻게 이야기 하나요?

- 오래간만이에요. 이게 얼마 만이에요?
- 잘 지냈어요? 그동안 어떻게 지냈어요?
- 정말 반가워요. 소식이 궁금했어요.
- 혹시… ○○씨 아니세요? 저 모르시겠어요?
- 몰라보겠어요. 행복해 보여요.
- 예전하고 똑같아요. 다른 사람 같아요.
- 여전히 바빠요? 여전히 예쁘네요(멋있네요).

문형

–만에

- 우리가 얼마 만에 만난 거예요?
- 중국에 가서 2년 만에 한국에 돌아왔어요.
- 친구와 서면에서 만난 지 30분 만에 헤어졌어요.

–아/어/여 보이다

- 머리 모양을 바꾸니까 더 젊어 보여요.
- 요즘 힘든지 아주 피곤해 보여요.
- 떡이 참 맛있어 보이는데 먹어 봐도 돼요?

–(으)ㄴ 줄 모르다/알다

- 우리 선생님이 결혼한 줄 몰랐어요.
- 그 친구가 집에 간 줄 몰랐어요.
- 5교시에 수업이 있는 줄 몰랐어요.

–(으)ㄴ/는/(으)ㄹ 것 같다

- 민수 씨가 저기 오는 것 같아요.
- 수연이는 시험공부를 많이 한 것 같아요.
- 내일 제임스 씨는 학교에 못 올 것 같아요.

확인 학습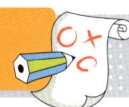

✷ 다음 〈보기〉와 같이 대화를 완성해 보세요.

- –(으)ㄴ/는/(으)ㄹ 것 같다
- –아/어/여 보이다
- –만에
- –(으)ㄴ 줄 모르다/알다

보기
가 : 지현 씨, 무슨 일 있어요? <u>슬퍼 보여요</u>. (슬프다)
나 : 네, 시험 성적이 안 좋아서요.

1. 가 : 왕평 씨는 수업시간에 공부를 아주 열심히 해요.
   나 : 맞아요. 안경을 쓴 모습이 _____ (똑똑하다)

2. 가 : 이번 학기에 무슨 과목을 신청할 거예요?
   나 : 글쎄요. 아마 한국어 회화를 _____ (신청하다)

3. 가 : 정말 오랜만에 비가 오네요.
   나 : 그래요. 한 _____ 비가 오는 것 같아요. (8개월)

4. 가 : 미영 씨, 어디에 가요?
   나 : 성우 씨 병문안 가요. 성우 씨가 많이 아픈 것 같아요.
   가 : 그래요? 언제 입원했어요? 전 _____ (입원하다)

5 가 : 어머! 밖에서 '쿵' 하는 소리가 났어요.

　　나 : 아마 천둥이 _____ (치다)

　　가 : 무서워서 집에 못 가겠어요.

6 가 : 오늘 영희 씨 봤어요? 정말 _____ (즐겁다)
　　　　좋은 일이 있는 것 같아요.

　　나 : 아직 몰라요? 어제 마이클 씨가 영희 씨한테 사랑 고백을 했어요.

　　가 : 네? 저는 마이클 씨가 영희 씨를 _____ (좋아하다)

7 가 : 진영 씨, 얼마 만에 한국에 돌아왔어요?

　　나 : 5년 전에 한국을 떠났으니까 _____ 돌아온 거예요. (5년)

활동

말하기

1 이 사람들의 기분이 어때 보여요? 이야기해 보세요.

2 한국에 오기 전과 한국에 온 후 여러분의 생각과 다른 점이 있습니까? 이야기해 보세요.

한국 여자들은 다 예쁜 줄 알았어요.

한국에 오기 전	한국에 온 후
한국 드라마를 보고 한국 여자들은 다 예쁜 줄 알았어요.	한국에도 못생긴 여자가 있는 줄 몰랐어요.

3 여러분은 10년 후에 어떤 모습일까요?
   10년 만에 만난 친구와 어떤 이야기를 할 수 있을까요?

> 가 : 안녕하세요? 혹시 10년 전에 부산외국어대학교에서 한국어 공부했어요?
>
> 나 : 맞아요. 그런데 어떻게 알아요?
>
> 가 : 저 모르시겠어요?
>
> 나 : _____
>
> 가 : _____
>
> 나 : _____
>
> 가 : _____
>
> 나 : _____
>
> 가 : _____

활동

듣기

【1~2】 다음 대화에 이어질 알맞은 답을 고르세요.

1
① 네, 초급은 1년 동안 공부할 거예요.
② 지금은 중급인데 수업이 너무 어려워요.
③ 3개월 배웠는데 2개월 더 공부할 거예요.
④ 네, 초급 한국어는 6개월 만에 다 끝났어요.

2
① 네, 고마워요. 저 곧 결혼해요.
② 정말이에요? 저도 결혼하고 싶어요.
③ 괜찮아요. 사실은 저도 결혼한 줄 몰랐어요.
④ 괜찮아요. 다른 사람들도 제가 결혼한 줄 몰라요.

【3】 다음 대화를 잘 듣고 민수 씨와 미영 씨를 찾아보세요.

①  ②  ③  ④

【4~5】 다음 대화를 잘 듣고 질문에 알맞은 답을 고르세요.

4 두 사람이 이야기하고 있는 곳은 어디입니까? (   )

5 대화의 내용과 다른 것을 고르세요.
① 미영의 직업은 회사원이다.
② 미영은 마이클과 1년 만에 만났다.
③ 마이클은 올해 학교를 졸업할 것이다.
④ 마이클은 지금 아버지 회사에 다니고 있다.

쉬어가기

친구는

나에게 도움이 되지 않아도 좋습니다.

친구는

지식과 지혜가 넘치지 않아도 좋습니다.

친구는

언제 봐도 편하고

아무리 오래 같이 있어도 지루하지 않고

함께 웃고 함께 울고

함께 있는 그것만으로도 힘이 되는 사람입니다.

◎ 오랫동안 안부를 전하지 못한 친구가 있다면 오늘 연락해 보세요. 그 친구도 여러분의 연락을 기다리고 있을 겁니다.

대화 ❶

지영	제임스 씨, 마이클 씨 봤어요?
제임스	마이클 씨요? 저는 마이클 씨와 한 번도 만난 적이 없어요. 어떻게 생겼어요?
지영	마이클 씨는 키가 크고 통통한 편이에요. 피부가 까맣고 얼굴이 보름달같이 둥글게 생겨서 귀여워요.
제임스	오늘 무슨 옷을 입었어요? 혹시 캐주얼 차림이에요?
지영	네, 흰색 티셔츠에 파란색 반바지를 입고 운동화를 신었어요.
제임스	조금 전에 도서관 앞에서 본 것 같아요. 도서관으로 가 보세요.
지영	정말이에요? 고마워요. 같이 차 한 잔 하고 싶지만 시간이 없네요. 다음에 연락할게요.

생기다
통통하다
피부
까맣다
보름달
둥글다
캐주얼
차림
연락

주요 문형

- 같이
- ~(으)ㄴ/는 편이다

유용한 표현

- 한 번도 만난 적이 없어요.
- 어떻게 생겼어요?
- 통통한 편이에요.
- 캐주얼 차림이에요?
- 차 한 잔 하고 싶지만 시간이 없네요.

발음

- 까맣고 [까마코]
- 같이 [가치]
- 연락 [열락]

대화 연습

연습 ❶ 〈보기〉의 대화를 보고 내용을 바꾸어 이야기해 보세요.

[키 130cm, 둥근 얼굴, 단발머리, 여자아이, 원피스]

가 실례합니다.

나 무슨 일이세요?

가 제가 아이를 잃어버렸어요. 키는 130cm 정도이고 얼굴이 둥글고 단발머리의 여자아이예요. 본 적 있어요?

나 글쎄요. 무슨 옷을 입었어요?

가 원피스를 입었어요. 혹시 보시면 저한테 연락을 좀 해 주세요. 여기 제 전화번호예요. 꼭 부탁드립니다.

나 걱정이 많겠어요. 보면 꼭 연락할게요.

1 [뚱뚱하다, 네모난 얼굴, 파마머리, 여자아이, 청치마, 스웨터]

2 [마르다, 갸름한 얼굴, 커트머리, 남자아이, 반바지, 티셔츠]

연습 ❷ 〈보기〉의 대화를 보고 내용을 바꾸어 이야기해 보세요.

[얼굴이 갸름하다, 눈이 크다, 아이, 순수하다, 밝다]

가 요즘 기분 좋은 일 있어요? 즐거워 보여요.
나 사실은 좋아하는 사람이 생겼어요.
가 정말이에요? 어떤 사람이에요?
나 얼굴은 갸름한 편이고 눈이 좀 커요.
    그리고 아이같이 순수하고 밝은 사람이에요.

1 [얼굴이 둥글다, 긴 생머리, 고양이, 귀엽다, 얌전하다]

2 [키가 크다, 건장하다, 영화배우, 멋있다, 활발하다]

대화 ❷

왕호	유키 씨, 예쁜 여자 친구 있으면 소개 좀 해 주세요. 저 요즘 너무 외롭거든요.
유키	왕호 씨는 어떤 여자를 좋아해요?
왕호	얼굴이 갸름하고 보조개가 있는 여자가 이상형이에요.
유키	아! 한 명 있는데 소개해 줄까요?
왕호	좋죠. 누구예요? 예뻐요? 착해요?
유키	한 가지씩 물어보세요.
왕호	어떻게 생겼어요?
유키	얼굴은 갸름하고 피부는 약간 하얀 편이에요. 긴 파마머리이고 코는 오똑하고 눈이 아주 커요. 보조개가 있어서 웃을 때 정말 예뻐요.
왕호	와! 진짜 예쁠 것 같아요. 키가 커요?
유키	아니요, 키가 좀 작고 마른 체형이에요. 아, 참! 사진 있는데 보여 줄까요?
왕호	네. (사진을 본 후) 와! 정말 예뻐요. 딱 제 이상형이에요.

외롭다
갸름하다
보조개
이상형
-씩
하얗다
오똑하다
마르다
체형
딱

주요 문형

- –씩
- –거든요
- –(으)ㄴ데/는데/(이)ㄴ데

유용한 표현

- 어떤 여자(남자)를 좋아해요?
- 보조개가 있어서 웃을 때 정말 예뻐요.
- 키가 좀 작고 마른 체형이에요.
- 딱 제 이상형이에요.

발음

- 좋아해요 [조아해요]
- 작고 [작꼬]
- 오뚝하고 [오뚜카고]

대화 연습

연습 ❶ 친구와 서로의 이상형에 대해 이야기해 봅시다.

가 민수 씨는 이상형이 있어요?

나 제 이상형은 현명하고 부모님께 효도하는 착한 여자예요.

가 외모는요? 예쁜 여자가 좋아요? 귀여운 여자가 좋아요?

나 긴 생머리에 얼굴이 갸름하고 귀여운 여자가 좋아요.
  영희 씨의 이상형은 어떤 사람이에요?

가 능력이 있고 키가 크고 건장한 체격을 가진 남자가 좋아요.

가 _____
나 _____
가 _____
나 _____
가 _____
나 _____

어휘 및 문형

어휘

얼굴

갸름한 얼굴　　긴 얼굴　　네모난 얼굴　　둥근 얼굴

- 얼굴이 크다/작다
- 입술이 두껍다/얇다
- 코가 높다/낮다
- 눈썹이 짙다/옅다
- 피부가 좋다/나쁘다
- 점이 있다
- 수염이 있다
- 보조개가 있다

신체

건장하다　　뚱뚱하다　　통통하다　　날씬하다　　마르다

- 근육이 있다/없다
- 체격이 크다/작다
- 어깨가 넓다/좁다
- 허리가 굵다/가늘다
- 다리가 길다/짧다

어휘 및 문형

머리 모양

 생머리

 곱슬머리

 단발머리

 파마머리

 커트머리

 스포츠형 머리

 빡빡머리

 대머리

 머리를 묶다

 머리를 올리다

 머리를 땋다

어휘 및 문형

문형

-같이

- 한국어 선생님은 아버지같이 자상하십니다.
- 민수 선배는 형같이 우리 과 학생들을 잘 도와줍니다.

-(으)ㄴ/는 편이다

- 저는 조금 통통한 편이에요.
- 그 친구는 활발하고 밝은 편이에요.
- 그 커피숍은 예뻐서 자주 가는 편이에요.

-(으)ㄴ데/는데/(이)ㄴ데

- 요즘 한국 소설을 읽고 있는데 재미있어요.
- 김치는 한국의 유명한 음식인데 아주 매워요.
- 아르바이트를 하고 싶은데 한국어 실력이 부족해서 할 수 없어요.

-씩

- 천천히 한 가지씩 이야기 하세요.
- 한 모금씩 마시세요.

-거든요

- 가 : 오늘 왜 지각했어요?
  나 : 아침에 늦잠을 잤거든요.
- 가 : 아파 보여요.
  나 : 배가 아프거든요.

확인 학습

✱ 다음 〈보기〉와 같이 대화를 완성해 보세요.

- –같이   - –(으)ㄴ데/는데/(이)ㄴ데   - –(으)ㄴ 편이다   - –거든요

보기
가 : 지현 씨 남자친구는 어때요?
나 : 음, <u>장동건같이</u> 멋있게 생겼어요. (장동건)

1 가 : 오늘 왜 이렇게 바빠요?
　　나 : 내일 아주 중요한 시험이 　　　　　　 (있다)

2 가 : 내일 데이트를 　　　　　　 무슨 옷을 입으면 좋을까요? (하다)
　　나 : 날씨가 좋으면 치마를 입고 가는 게 어때요?

3 가 : 이 사탕, 한 번 먹어 보세요. 맛이 아주 　　　　　　 (특이하다)
　　나 : 어떤 맛이에요? 달아요? 시어요?

4 가 : 사진 속의 이 남자는 어떤 사람이에요?
　　나 : 저와 가장 친한 　　　　　　 똑똑하고 성격이 좋아요. (친구)

5 가 : 민수 씨의 누나는 어떤 사람이에요?
　　나 : 　　　　　　 아름답고 성격이 아주 밝은 사람이에요. (탤런트)

6 가 : 희진 씨는 어떻게 생겼어요?

나 : 얼굴이 갸름하고 눈이 _____ (크다)

그리고 보조개가 있고 피부가 _____ (하얗다)

7 가 : 미나 씨, 제가 오늘 한턱낼게요.

나 : 웬일이에요? 좋은 일 있어요?

가 : 저 이번에 장학금을 _____ (받다)

8 가 : 영진이는 왜 그렇게 인기가 많아요?

나 : _____ 아는 것이 많아서 친구들을 많이 도와줘요. (선생님)

활동

말하기

1 다음 그림을 보고 이야기해 보세요.

> **보기**
> 이 사람은 토끼같이 귀엽게 생겼어요.

2 반 친구 중에 한 명을 그림으로 그려 본 후, 그 친구의 외모를 이야기해 보세요.

그림	외모

3 여러분은 지금 미용실에 있습니다. 머리모양을 어떻게 하면 좋을지 이야기해 봅시다.

가 : 어서 오세요. 머리 어떻게 하실 거예요?

나 : 요즘 어떤 머리가 유행이에요?

가 : _____

나 : _____

가 : _____

나 : _____

가 : _____

나 : _____

가 : _____

나 : _____

활동

4 좋아하는 영화배우나 가수를 소개하고 그 사람들의 외모를 이야기해 봅시다.

제가 좋아하는 가수는 '천둥'입니다.

'천둥'은 가수인데 영화와 드라마에도 출연하고 있습니다. '천둥'이 출연한 가장 유명한 드라마는 '내 남자'인데 아시아 여러 나라에서 인기가 많았습니다.

'천둥'은 키가 185cm로 아주 크고 건장합니다. 얼굴은 갸름하고 작은 편입니다. '천둥'은 눈이 좀 작은데 웃을 때는 눈이 더 작아져서 아주 귀엽습니다.

'천둥'은 캐주얼을 자주 입는데 정장차림을 하면 더 멋있습니다. 가끔 영화제에서 정장을 입은 '천둥'을 보면 너무 멋있어서 소리를 지릅니다.

제가 좋아하는 _____

_____
_____
_____
_____
_____
_____

듣기

【1~2】 다음 대화에 이어질 알맞은 답을 고르세요.

1.
① 미안해요. 만나고 싶지 않아요.
② 농구선수같이 키가 큰 사람이 좋아요.
③ 그 사람은 귀여운 사람을 좋아하지요?
④ 저는 눈이 크고 얼굴이 둥근 편이에요.

2.
① 어떻게 바꾸는 것이 좋을까요?
② 고마워요. 저도 마음에 들어요.
③ 어제 미용실에서 파마를 했어요.
④ 어머! 언제 머리 모양을 바꿨어요?

【3~4】 다음 대화를 잘 듣고 질문에 알맞은 답을 고르세요.

3. 두 사람이 이야기하고 있는 곳은 어디입니까? (   )

4. 미나 씨가 원하는 머리 모양은 무엇입니까?

①    ②    ③    ④

활동

【5~6】 다음 대화를 잘 듣고 질문에 알맞은 답을 고르세요.

5 대화의 내용과 <u>다른</u> 것을 고르세요.

① 미라는 앞머리를 잘랐다.

② 미라는 유키보다 나이가 어리다.

③ 요즘 어려 보이는 것이 유행이다.

④ 미라는 머리 모양이 마음에 들지 않는다.

6 미라와 유키는 어떤 머리 모양을 좋아하는지 연결하세요.

미라 ■

①

②

유키 ■

③

④

【7~8】 다음 대화를 잘 듣고 질문에 알맞은 답을 고르세요.

7   민수는 어디로 이사하게 되었습니까? (   )

8   대화의 내용과 다른 것을 고르세요.
① 민수는 지금 기분이 좋다.
② 민수는 이번 주에 이사를 할 것이다.
③ 민수의 여자 친구는 키가 크고 날씬하다.
④ 왕영은 민수의 여자 친구를 본 적이 없다.

미의 기준

  우리가 자주 사용하는 '예쁘다'의 기준은 무엇일까? 눈이 크고 코가 오뚝하고 얼굴이 갸름한 사람일까? 아니면 얼굴이 둥글고 피부가 하얗고 입술이 붉은 사람일까? 아마 사람마다 미의 기준은 다를 것이다. 통통한 사람을 예쁘다고 말하는 사람도 있고, 마른 사람을 예쁘다고 이야기하는 사람도 있다. 이런 미의 기준은 지역, 민족, 시대에 따라 다르고 나이, 성별, 직업에 따라서도 다르다.

  한국 역시 예전과 지금의 미의 기준이 다르다. 과거에는 얼굴이 보름달같이 둥글고 좁고 긴 코, 약간 통통한 뺨과 작은 입을 가진 사람이 미인이었다. 하지만 요즘은 갸름한 얼굴형에 쌍꺼풀이 있는 큰 눈, 오뚝한 코, 웃을 때 시원스러운 입을 가진 서구형의 얼굴을 미인이라고 한다.

제 3과 음식

1 음식 맛 표현하기
2 요리법 이해하고 설명하기

🎧 듣기
1. 두 사람은 지금 어디에 있습니까?
2. 유키 씨는 한국 음식 중에서 어떤 음식을 좋아합니까?

대화 ❶

민수	마이클 씨, 오늘이 유키 씨 생일이에요.
마이클	정말이에요? 아무것도 준비 못 했는데 어떡해요?
민수	그래서 말인데요, 유키 씨를 위해 생일파티를 준비하는 게 좋겠어요.
마이클	좋은 생각이에요!
민수	그럼, 제가 요리를 할 테니까 마이클 씨가 선물을 준비하세요. 요리는 자신 있거든요. 그런데 유키 씨는 어떤 음식을 좋아해요?
마이클	유키 씨는 불고기와 얼큰한 김치찌개를 좋아해요.
민수	마이클 씨는 뭐 좋아해요?
마이클	저는 아무거나 다 잘 먹어요.
민수	알겠어요. 맛있는 거 많이 만들게요.
마이클	좋아요. 기대할게요!

어떡하다
아무것도
자신
얼큰하다
아무거나
다
기대하다

주요 문형

• ~(으)ㄹ 테니까   • ~는 게 좋겠다   • 아무N(이)나

유용한 표현

- 그래서 말인데요.
- 생일 파티를 준비하는 게 좋겠어요.
- 제가 요리를 만들 테니까 선물을 사세요.
- 요리는 자신 있거든요.
- 아무거나 다 잘 먹어요.

발음

- 좋겠어요 [조케써요]
- 아무것도 [아무걷또]

대화 연습

연습 ❶

[내일, 공부, 이 선생님의 생신, 선물]

가 내일 뭐 할 거예요?

나 도서관에서 공부하려고 해요. 왜요? 무슨 일 있어요?

가 내일이 이 선생님 생신이에요.

나 정말이에요? 몰랐어요.

가 그래서 말인데요, 오늘 선물을 사는 게 좋겠어요.

나 좋은 생각이에요.

1 [주말, 여행, 유키 씨가 이사를 하다, 집들이 선물]

2 [내일, 데이트, 후배들 성년의 날, 장미꽃과 향수]

연습 ❷

[매운탕, 맵다, 얼큰하다]

가 뭐 먹고 싶어요?
   오늘은 제가 살 테니까 먹고 싶은 거 드세요.
나 저는 아무 거나 다 잘 먹어요.
가 그럼, 매운탕 어때요?
나 좋아요.
가 저기요, 여기 매운탕 2인분 주세요.
(밥을 먹은 후)
가 매운탕 맛이 어때요?
나 조금 맵지만 얼큰하고 맛있네요.

1 [부침개, 느끼하다, 고소하다]

2 [호박죽, 달다, 부드럽다]

3 [냉면, 맵다, 시원하다]

대화 ❷

- 민수의 집 -

(마이클이 약속 시간보다 일찍 왔음)

민수   마이클 씨, 일찍 오셨네요.

마이클   도와주러 왔어요. 불고기와 떡볶이는 어려우니까 김치찌개를 할게요. 요리법을 좀 알려주세요.

민수   김치를 냄비에 넣고 볶으세요. 1분쯤 볶은 후에 물을 적당히 붓고 김치가 익을 정도로 끓여요. 김치가 익는 동안 돼지고기와 파, 고추, 두부를 썰어 놓으세요. 김치가 다 익으면 썰어 놓은 재료를 넣고 더 끓이면 돼요.

(유키가 온 후)

마이클   유키 씨, 생일 축하해요.

유키   고마워요. 이걸 모두 직접 만들었어요?

민수   네, 마이클 씨와 함께 만들었어요. 맛은 없지만 많이 드세요.

유키   정말 맛있어 보여요. 두 분, 요리 솜씨가 대단하네요.

민수   대단하기는요. 어서 드세요.

유키   와! 정말 맛있어요. 제 입맛에 딱 맞아요.

| 요리법 |
| 냄비 |
| 볶다 |
| 적당히 |
| 붓다 |
| 익다 |
| 썰다 |
| 끓이다 |
| 직접 |
| 솜씨 |
| 대단하다 |
| 입맛 |
| 딱 |

주요 문형

- -기는요
- ~(으)ㄹ 정도로
- ~아/어/여 놓다

유용한 표현

- 요리법을 알려 주세요.
- 김치가 익을 정도로 끓여요.
- 두부를 썰어 놓으세요.
- 맛은 없지만 많이 드세요.
- 요리 솜씨가 대단하네요.
- 제 입맛에 딱 맞아요.

발음

- 끓이면 [끄리면]
- 많이 [마니]
- 축하해요 [추카해요]
- 입맛 [임맏]

대화 연습

연습 ①

[삼계탕, 닭, 인삼, 생강, 찹쌀, 담백하다]

가 어떤 음식을 좋아해요?
나 전 <u>삼계탕</u>을 좋아해요.
가 삼계탕은 무엇으로 만들어요?
나 <u>닭, 인삼, 생강, 찹쌀</u>로 만들어요.
가 맛이 어때요?
나 조금 <u>담백해요.</u>

1 [김치볶음밥, 김치, 밥, 계란, 매콤하다]

2 [된장찌개, 된장, 파, 고추, 고기, 두부, 짭짤하다]

어휘 및 문형

어휘

맛
- 맵다 짜다 달다 시다 쓰다
- 매콤하다 달콤하다 짭짤하다 씁쓸하다 새콤하다
- 느끼하다 담백하다 고소하다 얼큰하다 싱겁다

조리법

다듬다 썰다 다지다 벗기다

볶다 끓이다 삶다 찌다

굽다 튀기다

어휘 및 문형

문형

~(으)ㄹ 테니까

- 오늘 점심은 제가 살 테니까 아잉 씨는 커피를 사 주세요.
- 청소는 제가 할 테니까 영수 씨는 설거지를 하세요.
- 힘드시죠? 제가 도와 드릴 테니까 좀 쉬세요.

~는 게 좋겠다

- 가: 지금 늦었어요. 버스 타고 가면 지각할 거예요.
  나: 그러면 택시를 타고 가는 게 좋겠어요.

- 가: 찌개가 너무 싱거워요.
  나: 소금을 넣는 게 좋겠어요. 소금을 갖다 드릴게요.

아무N(이)나

- 가: 오늘은 뭘 먹을까요?
  나: 한국음식이라면 아무 것이나 먹어도 괜찮아요.

- 가: 미소 씨, 내일 몇 시에 만날까요?
  나: 아무 때나 만나요. 내일은 다른 일이 없거든요.

~(으)ㄹ 정도로

- 발표 준비가 너무 힘들어요. 머리가 아플 정도예요.
- 어제는 걸을 수 없을 정도로 술을 많이 마셨어요.
- 이 떡볶이는 눈물이 날 정도로 매워요. 한번 먹어 보세요.

~아/어/여 놓다

- 날씨가 많이 더워요. 문을 열어 놓으세요.
- 라면을 끓이기 전에 먼저 파를 썰어 놓아야 해요.
- 손님들이 오시기 전에 음식을 준비해 놓을게요.

확인 학습

✽ 다음 〈보기〉와 같이 대화를 완성해 보세요.

- ~기는요
- ~(으)ㄹ 테니까
- ~는 게 좋겠다
- 아무N(이)나
- ~(으)ㄹ 정도로
- ~아/어/여 놓다

보기
가 : 마이클 씨, 오늘 요리하는 것을 도와줘서 고마워요.
나 : 고맙기는요. 당연히 같이 준비해야지요. (고맙다)

1 가 : 이 버섯은 참 예뻐요. 먹어도 돼요?
   나 : 안 돼요. 이 버섯은 독이 있어요. _____ 먹으면 안돼요. (버섯)

2 가 : 오늘 음식 맛이 어땠어요?
   나 : 요리를 잘 하시네요. 두 그릇을 _____ 맛있었어요. (먹다)

3 가 : 조금 후에 민희 선물 사러 갈 건데 같이 갈까요?
   나 : 저는 _____ 선물을 사 오세요. (파티를 준비하다)

4 가 : 엘레나 씨는 피부도 좋고 정말 예뻐요.
   나 : _____ 흐엉 씨가 더 예뻐요. (예쁘다)

5 가 : 오늘은 대청소를 하는 날이에요. 뭐부터 할까요?
   나 : 저는 _____ 영수 씨는 빨래를 하세요. (방을 닦다)

6 가 : 많이 피곤해 보여요. 어디 아파요?
   나 : 네. 사실은 _____ 머리가 아파요. (걷지 못하다)
   가 : 정말이에요? 그럼, 지금 _____ (병원에 가다)

7 가 : 김치찌개를 끓이려면 어떻게 하면 돼요?
   나 : 먼저 김치를 _____ (썰다)

8 가 : 우리 무슨 영화를 볼까요?
   나 : 다 재미있어 보이니까 _____ 봐요. (영화)
   가 : 그럼, 영화표를 _____ 여기에서 기다리세요. (사 오다)

9 가 : 민수 씨, 저는 지금 가야 할 것 같아요.
      책을 다 본 후에 책상 서랍 속에 _____ (넣다)
   나 : 네, 알겠어요. 책을 빌려 줘서 고마워요.
   가 : _____ (고맙다)

활동

말하기

1 각 나라를 대표하는 음식을 서로 비교해서 이야기해 보세요.

나라	한국			
음식	떡볶이			
맛	매콤하다			
재료	떡, 고추장 등			
기타	가격이 싸다			

보기

가 : 한국을 대표하는 음식은 뭐예요?

나 : 불고기와 김치, 떡볶이 등이 한국을 대표하는 음식이에요.
　　일본을 대표하는 음식은 뭐예요?

가 : 일본을 대표하는 음식은 스시예요. 담백하고 맛있어요.
　　떡볶이는 어떤 맛이에요?

나 : 매콤하고 달콤해요. 가격도 저렴해서 학생들이 많이 먹어요.

가 : 무엇으로 만들어요?

나 : 떡과 고추장, 야채 등으로 만들어요.
　　그럼, 스시는 무엇으로 만들어요?

가 : 스시는 …….

2 여러분이 좋아하는 음식은 무엇입니까?

① 그 음식의 요리법을 알고 있으면 친구들에게 설명해 주세요.

② 친구가 설명하는 요리법을 듣고 메모해 보세요.

③ 집에 가서 친구가 알려 준 요리법을 보고 음식을 만들어 보세요.

저는 된장찌개를 좋아해요.
된장찌개를 만드는 방법은 간단해요.
먼저 냄비에 물을 붓고 끓이세요.
물이 끓는 동안 된장을 준비하고 감자, 파, 돼지고기,
두부는 적당한 크기로 썰어 놓으세요.
그리고 된장과 감자, 돼지고기를 넣고 감자와
돼지고기가 익을 정도로 더 끓이세요.
재료들이 다 익으면 두부와 파를 넣고 조금 더 끓이세요.
그럼, 맛있는 된장찌개가 완성됩니다.

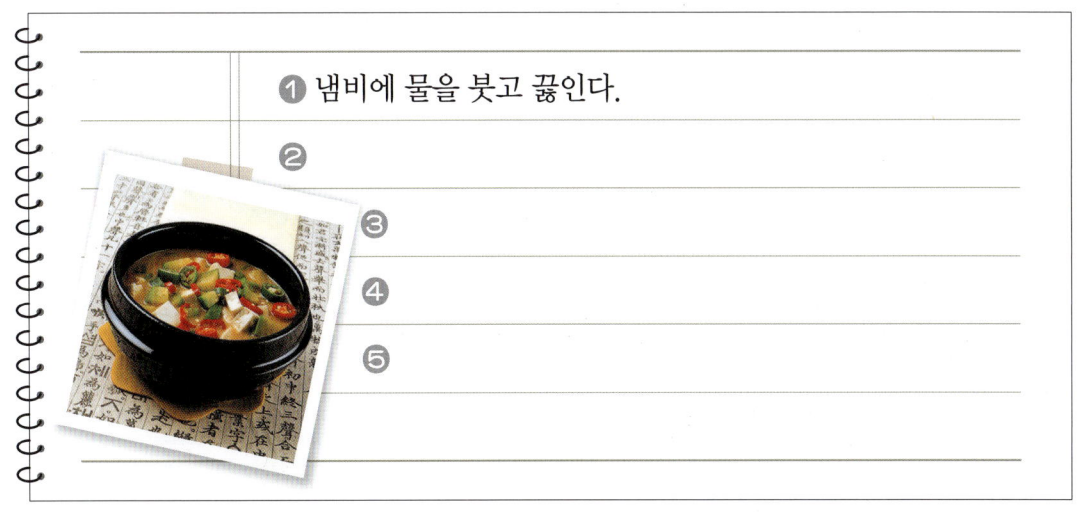

❶ 냄비에 물을 붓고 끓인다.
❷
❸
❹
❺

활동

듣기

【1~2】 다음 대화에 이어질 알맞은 답을 고르세요.

1.
① 김치가 많이 매워요?
② 좀 맵지만 맛있어요.
③ 김치가 많이 매울 것 같아요.
④ 네, 저는 매운 음식을 못 먹어요.

2.
① 우리 아무거나 먹어요.
② 시간이 많으니까 아무 때나 만나요.
③ 저는 아무 데서나 만나도 괜찮아요.
④ 저는 내일 태국으로 여행을 갈 거예요.

【3~4】 다음 내용을 잘 듣고 질문에 답하세요.

3. 잘 듣고 각 나라의 대표음식을 써 보세요.

- 김치 - 파스타 - 쌀국수 - 달팽이 요리 - 스시 - 북경오리 요리

한국 (   )   중국 (   )   일본 (   )
프랑스 (   )   이탈리아 (   )   베트남 (   )

4 다음 중 들은 내용과 다른 것을 찾으세요.

① 각 나라마다 대표하는 음식이 다르다.

② 일본은 섬나라이기 때문에 스시가 유명하다.

③ 김치는 겨울에도 채소를 먹기 위해 만들었다.

④ 중국은 땅이 넓어서 대표적인 음식을 찾을 수 없다.

【5~6】다음 대화를 잘 듣고 질문에 알맞은 답을 고르세요.

5 들은 내용과 같은 것을 모두 고르세요.

① 요리법이 간단해서 누구나 만들 수 있다.

② 김치전 요리에는 특별한 재료가 꼭 필요하다.

③ 한국 사람들은 비 오는 날에 김치전을 잘 먹는다.

④ 매운 음식을 좋아하는 사람은 김치전을 싫어한다.

6 김치전을 만드는 방법이 잘못된 것은 어느 것입니까?

① 파는 김치와 비슷한 크기로 썬다.

② 밀가루에 물을 한 컵 붓고 젓는다.

③ 계란과 우유를 넣으면 맛이 없어진다.

④ 밀가루에 김치와 다른 재료를 넣어서 젓는다.

한국은 지금 웰빙 열풍!

　웰빙(Well-being)은 신체적·정신적으로 건강한 삶을 살고 싶어하는 사람들이 늘어나면서 나타난 새로운 삶의 문화를 말한다. 웰빙은 '복지, 행복'을 뜻하는 말로 신체적으로 병이 없는 것뿐만 아니라 직장이나 학교에서의 성취감, 여가생활 등의 다양한 요소들을 웰빙의 조건으로 이야기할 수 있다. 즉, 몸과 마음, 일과 휴식, 가정과 사회의 모든 것이 잘 조화가 되어 있는 상태가 웰빙이다.

　이런 웰빙을 추구하는 사람들을 '웰빙족'이라고 하는데 고기 대신 생선과 야채를 즐겨 먹고 요가와 등산 등 건강에 좋은 운동을 한다. 그리고 외식보다는 집에서 직접 요리를 해 먹는 사람들이다.

　한국에서는 2003년에 처음 웰빙 문화가 소개된 후 현재까지 수많은 웰빙족들이 생겨났다. 그리고 웰빙 문화의 확산에 따라 다양한 종류의 웰빙 음식, 웰빙 건강, 웰빙 운동 등이 나타났다.

대화 ❶

유키	마이클 씨 많이 아파 보여요. 병원에 안 가도 돼요?
마이클	사실은 어제 저녁에 응급실에 갈 뻔했어요. 열이 38도까지 오르고 계속 토했어요.
유키	정말이에요? 그래서 어떻게 했어요?
마이클	친구가 가까운 약국에 가서 해열제를 사 왔어요. 그리고 약사가 처방한 대로 하니까 열이 내렸어요.
유키	정말 큰일 날 뻔했네요. 열은 다 내렸어요?
마이클	네. 이제 열은 안 나요. 하지만 머리가 아직도 조금 어지러워요.
유키	제가 잘 아는 병원을 소개해 줄 테니까 한번 가 보세요. 요즘 독감이 유행이에요.

응급실
열이 오르다
토하다
해열제
처방
열이 내리다
큰일 나다
어지럽다
독감
유행

주요 문형

- -(으)ㄹ 뻔하다
- -(으)ㄴ/는 대로

유용한 표현

- 응급실에 갈 뻔 했어요.
- 열이 38도까지 오르고 토했어요.
- 처방한 대로 하니까 열이 내렸어요.
- 잘 아는 병원을 소개해 줄 테니까 한번 가 보세요.

발음

- 응급실 [응급씰]
- 약국에 [약꾸게]
- 해열제 [해열쩨]

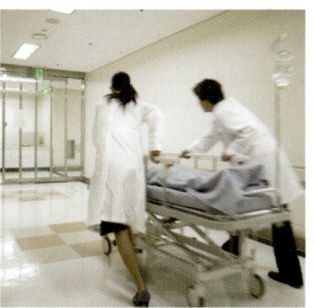

대화 연습

연습 ❶

[속이 안 좋고 설사도 한다, 체하다, 소화제, 지사제]

가 민수 씨, 많이 아파 보여요.
나 네, 지금 속이 안 좋고 설사도 해요. 체한 것 같아요.
가 그래요? 약은 먹었어요?
나 네, 아까 소화제랑 지사제를 먹었는데 아직 효과가 없어요.
가 그러면 집에 가서 쉬세요. 제가 교수님께 말씀드릴게요.
나 네, 고마워요.

1 [목이 아프다, 편도선이 붓다, 주사, 알약]

2 [눈이 아프다, 눈병이 나다, 안약, 가루약]

연습 ❷

[배가 아프다, 화장실에 가다, 알약]

가　어서 오세요. 뭐 드릴까요?
나　<u>배가 아파서</u> <u>화장실에</u> 여러 번 갔어요.
가　그럼, 이 <u>알약</u>을 줄 테니까 2알씩 하루에 세 번 드세요.
가　처방대로 했는데 안 나으면 어떻게 하죠?
나　그 때는 병원에 가셔야 해요.
가　네, 알겠습니다.

1　[다리가 붓다, 못 걷다, 파스]

2　[손이 베이다, 피가 나다, 연고]

대화 ❷

의사	어떻게 오셨습니까?
민수	발목이 붓고 너무 아파요.
의사	최근에 넘어진 적이 있어요?
민수	네. 그저께 등산을 갔다가 넘어질 뻔 했어요.
의사	어디 봅시다. 언제부터 이렇게 아프기 시작했어요?
민수	어제 아침에 발목이 부어오르더니 저녁에는 통증이 너무 심해서 진통제를 먹고 잤어요.
의사	아무래도 발목을 삔 것 같아요. 엑스레이를 찍어 보고 다시 이야기를 합시다.

(엑스레이 찍은 후)

의사	발목을 삐었네요. 심하지는 않으니까 찜질을 해주고 약을 먹으면 괜찮아질 거예요. 우선 오늘은 물리 치료를 받는 게 좋겠어요.
민수	네. 그렇게 할게요. 내일도 와야 해요?
의사	아니요. 오늘 집에 가자마자 약을 먹고 내일은 찜질만 하시면 돼요. 그리고 당분간 운동은 하지 마세요.
민수	알겠어요. 감사합니다. 처방전은 계산할 때 받으면 되나요?
의사	네. 그럼 안녕히 가세요.

단어: 발목, 붓다, 최근, 넘어지다, 부어오르다, 통증, 심하다, 진통제, 삐다, 엑스레이, 찜질, 물리 치료, 처방전

주요 문형

- –더니
- –자마자

유용한 표현

- 발목이 붓고 아파요.
- 언제부터 이렇게 아프기 시작했어요?
- 엑스레이를 찍어 보고 다시 이야기를 합시다.
- 약을 먹으면 괜찮아질 거예요.
- 당분간 운동은 하지 마세요.

발음

- 붓고 [붇꼬]
- 갔다가 [갇따가]
- 통증 [통쯩]

대화 연습

연습 ❶ 〈보기〉의 내용을 중심으로 대화를 이어 보세요.

[귀가 아프다, 며칠 전, 염증이 생기다, 샤워를 하다]

의사 　어디가 불편해서 오셨어요?
환자 　_____ (귀가 아프다)
의사 　언제부터 아프기 시작했어요?
환자 　_____ (며칠 전)
의사 　귀를 좀 봅시다.
　　　음…… _____ (염증이 생기다)
환자 　그럼, 무엇을 조심해야 돼요?
의사 　당분간 _____ (샤워를 하다)

1 [잇몸이 붓고 피가 나다, 어제 양치질 하다, 잇몸 염증, 매운 음식을 먹다]

2 [어지럽다, 한 달 전, 빈혈, 심한 운동을 하다]

연습 ❷

[팔, 문에 부딪치다, 멍이 들다, 쑤시다, 얼음찜질을 하다]

유키   어머! 마이클 씨, 팔이 왜 그래요?

마이클   방금 문에 부딪쳤어요.

유키   그래서 이렇게 멍이 들었군요. 아프지 않아요?

마이클   팔이 쑤시고 아파요.

유키   그럼, 얼음찜질을 해 보세요. 괜찮아질 거예요.

마이클   그래요? 정말 고마워요.

1 [손가락, 칼에 베이다, 붓고 피가 나다, 쓰리다, 밴드를 붙이다]

2 [다리, 계단에서 넘어지다, 상처가 나다, 따갑다, 연고를 바르다]

어휘 및 문형

문형

-(으)ㄹ 뻔하다

- 계단을 올라가다가 넘어질 뻔 했어요.
- 축구를 하다가 넘어져서 다리를 다칠 뻔 했어요.
- 하루 종일 아무것도 안 먹었더니 배가 고파서 죽을 뻔 했어요.

-(으)ㄴ/는 대로

- 어머니의 말씀 대로 밥을 잘 먹고 있어요.
- 길을 몰라서 친구가 가는 대로 따라갔어요.
- 친구가 메모한 대로 준비했습니다.

-더니

- 밥을 많이 먹더니 배탈이 났어요.
- 도서관에서 열심히 공부하더니 결국 1등을 했어요.
- 며칠 전부터 머리가 아프더니 결국 감기에 걸렸어요.

-자마자

- 수업을 마치자마자 집으로 뛰어갔어요.
- 민수 씨는 졸업을 하자마자 바로 취직했어요.
- 너무 더워서 집에 들어가자마자 샤워를 했어요.

확인 학습

✱ 다음 〈보기〉와 같이 대화를 완성해 보세요.

- −(으)ㄹ 뻔하다
- −(으)ㄴ/는 대로
- −더니
- −자마자

보기

가 : 민수 씨, 충렬사에 어떻게 갔어요?
나 : 저도 길을 잘 몰라서 걱정했는데 친구가 <u>가는 대로</u> 따라갔어요. (가다)

1

가 : 오늘 빨래와 청소는 누가 해요?
나 : 제가 _____ 와서 할게요. 걱정하지 마세요. (퇴근하다)

2

가 : 이제 한국어를 잘 하네요.
나 : 네, 처음에는 정말 _____ 지금은 많이 늘었어요. (어렵다)

3

가 : 저 길로 갈 때는 조심하세요. 위험해요.
나 : 네, 저도 전에 한번 미끄러져서 무릎을 _____ (다치다)

4

가 : 방학 때는 무엇을 할 계획이에요?
나 : 방학이 _____ 고향으로 갈 거예요. (시작되다)

5   가: 제가 부탁한 물건 모두 사 왔어요?

      나: 네, 영희 씨가 　　　　　　　 모두 샀어요. (메모하다)

6   가: 무슨 일 있어요? 안색이 안 좋아요.

      나: 조금 전에 학교로 오다가 　　　　　　　 (소매치기를 당하다)

7   가: 수민 씨와 민수 씨가 사귄다면서요?

      나: 네, 민수 씨가 계속 수민 씨를 　　　　　　　 결국 둘이 사귀네요. (쫓아다니다)

활동

말하기

1 여러분은 이럴 때 어떻게 합니까? 옆 사람과 같이 자신만이 알고 있는 좋은 방법에 대해서 이야기해 봅시다.

1) 코피가 날 때

2) 목이 아플 때

3) 감기에 걸렸을 때

4) 불면증에 걸렸을 때

5) 스트레스를 많이 받았을 때

2 〈보기〉에 있는 병원 중에서 한 가지를 골라, 한 명은 의사, 한 명은 환자가 되어 대화를 만들어 보세요.

[내과, 외과, 이비인후과, 치과, 안과, 성형외과, 피부과]

의사 : 안녕하세요? 어떻게 오셨습니까?

환자 : 어제부터 눈이 빨갛게 충혈 되고 눈물이 나요.

의사 : 어디 봅시다.

환자 : _____

의사 : _____

환자 : _____

의사 : _____

환자 : _____

의사 : _____

활동

듣기

【1~2】 다음 대화에 이어질 알맞은 답을 고르세요.

1.
① 그래요? 빨리 나아야 할 텐데…….
② 저는 다 나아서 이제 괜찮아요.
③ 정말이에요? 저는 지금 병원에 가요.
④ 그렇군요. 민수 씨는 언제 축구를 해요?

2.
① 어제 약국에 갔어요.
② 너무 배가 아파서 잠을 못 잤어요.
③ 선생님 말씀 대로 했는데도 계속 배가 아파요.
④ 네, 그냥 잠을 푹 자고 나니까 괜찮아졌어요.

【3~4】 다음의 대화를 잘 듣고 질문에 알맞은 답을 고르세요.

3. 여기는 어디입니까? (   )

4. 이 사람은 무슨 약을 몇 번 사용해야 합니까?

① – 하루 세 번
② – 하루 네 번
③ – 하루 세 번
④ – 하루 네 번

【5~6】 다음 내용을 잘 듣고 질문에 알맞은 답을 고르세요.

5 요즘 사람들은 어떤 수술을 많이 합니까? 모두 찾아서 ✓ 하세요.

  ☐ 지방 흡입 수술   ☐ 코를 높이는 수술

  ☐ 턱을 깎는 수술   ☐ 이 교정 수술

6 다음 중 맞는 것은 ○, 틀린 것은 × 하세요.

  ① 요즘 성형외과를 찾는 사람들이 많아지고 있다. (   )

  ② 예전부터 일반인들이 성형수술을 많이 했다. (   )

  ③ 성형수술에는 긍정적인 면과 부정적인 면을 볼 수 있다. (   )

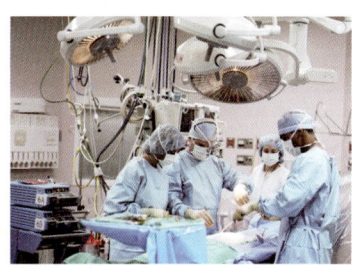

쉬어가기

민간요법

건강은 누구나의 희망이다. 그래서 사람들은 몸이 아프면 약을 먹거나 병원을 찾는다. 그러나 어떤 사람들은 병원에 가는 대신 민간요법으로 아픈 곳을 치료한다. 민간요법은 수천 년 동안 조상들의 경험을 바탕으로 입에서 입으로 전해지는 치료방법이다. 의학적으로 밝혀진 것은 아니지만 과학적이고 효과적인 경우가 많아서 조상들의 지혜를 느낄 수 있다. 그러면 민간요법에는 어떤 것이 있을까?

감기에 걸렸을 때 칡차를 끓여서 하루에 여러 번 마시면 좋다. 또 기침이 심한 사람은 무와 꿀을 함께 끓여서 먹으면 좋고, 편도선염으로 목이 부어서 고생하는 사람들은 귤껍질을 끓여서 설탕을 넣어 마시면 좋다고 한다.
설사가 나고 배가 아픈 사람은 매실을 먹고, 땀띠가 나는 사람은 복숭아 나뭇잎을 물에 담가서 목욕을 하면 땀띠가 낫는다.
소화가 안 되거나 불면증이 있을 때는 대추차를 마시면 된다.
만성피로에는 알로에나 생강술이 좋으며 변비에는 땅콩을 하루에 15g정도 먹거나 꿀과 청국장 가루 등을 물에 타서 마시면 좋다.

제 5 과 학교 생활

1. 학교생활에 대해 이야기하기
2. 반말 표현을 익혀서 친구와 대화하기

🎧 듣기
1. 민수는 지금 무슨 수업을 듣고 있습니까?
2. 민수와 유키의 전공은 무엇입니까?

대화 ❶

민수   왕호야, 오랜만이야. 요즘 보기가 힘드네.
왕호   그러게 말이야. 별로 하는 일 없이 바쁜 것 같아.
민수   솔직하게 말해. 여자 친구 생겼지?
왕호   나도 그랬으면 좋겠어. 사실은 요즘 동아리 선배들하고 자주 만나서 그래.
민수   아, 그래서 보기 힘들구나.
왕호   응, 그런데 큰일이야. 리포트가 잔뜩 밀려 있어. 곧 리포트 제출해야 하는 날이 다가오는데…….
민수   그럼, 당분간 술은 마시지 말고 밀린 리포트를 해야지.
왕호   나도 그렇게 하려고 해. 너는 요즘도 소개팅 자주 하니?
민수   아니, 요즘은 거의 도서관에서 살아.
왕호   정말? 믿을 수 없는데? 하하하.

| 동아리 |
| 선배 |
| 리포트 |
| 잔뜩 |
| 밀리다 |
| 제출하다 |
| 당분간 |
| 소개팅 |

주요 문형

- –아/어
- –(이)야
- –니
- –아/어라

유용한 표현

- 요즘 보기가 힘드네.
- 별로 하는 일 없이 바쁜 것 같아.
- 요즘은 거의 도서관에서 살아.

발음

- 솔직하게 [솔찌카게]
- 태권도 [태꿘도]
- 거의 [거이, 거의]

대화 연습

연습 ❶

[동아리 활동, 농구, 소개팅]

가 요즘 뭐 하느라고 바빠?
나 _____ (동아리 활동)
가 무슨 동아리인데?
나 _____ (농구)
    넌 요즘 뭐해?
가 _____ (소개팅)
나 나도 같이 하자.

1 [발표준비, 한국어 3분 말하기, 배낭여행 동아리 활동]

2 [연극대회준비, 유학생 연극제, 전국 한국어 말하기 대회]

연습 ❷

[리포트, 이번 주 금요일, 교수님, 제출하다, 도서관]

가 리포트 준비 다 했어?

나 아직 자료를 찾고 있어. 그런데 자료 찾기가 좀 어려워.

가 그래? 이번 주 금요일까지 교수님께 제출해야 하잖아.

나 정말이야? 몰랐어. 빨리 해야겠어.

가 그럼, 우리 같이 준비하자.

나 그래, 내가 먼저 도서관에 가 있을 테니까 나중에 와.

1 [말하기 대회, 다음 주 월요일, 교수님, 검사 받다, 교실]

2 [작문 숙제, 내일, 반장, 제출하다, 컴퓨터실]

대화 ❷

유키	마이클, 리포트 관련 자료는 많이 찾았어?
마이클	이제 찾기 시작했어. 그런데 내가 원하는 자료가 별로 없는 것 같아.
유키	정말 열심히 준비하고 있네. 내가 좀 도와줄까?
마이클	응, 고마워. 이번이 마지막 학기라서 학점에 신경이 많이 쓰여. 졸업 성적이 좋으면 취직이 잘 된다고 하니까.
유키	그렇구나. 열심히 해야겠네.
마이클	넌 졸업 후에 뭐 할 거야?
유키	난 대학원에 진학하려고 해. 일한 통역 대학원에 가려고 준비하고 있어.
마이클	너도 공부 많이 해야겠네.
유키	응. 그래서 요즘 스트레스가 많아. 의논할 사람도 없고…….
마이클	그럼 우리 같이 교수님 연구실에 가 볼래?
유키	좋아. 교수님과 함께 이야기해 보자.

관련
자료
학기
학점
성적
취직
진학
일한 통역
대학원
연구실

주요 문형

- –았/었어
- –(으)ㄹ까
- –(으)ㄹ래
- –자

유용한 표현

- 원하는 자료가 별로 없는 것 같아.
- 학점에 신경이 많이 쓰여.
- 요즘 스트레스가 많아.
- 의논할 사람도 없어.

발음

- 관련 [괄련]
- 학점 [학쩜]
- 진학하려고 [진하카려고]

대화 연습

연습 ①

[한국어 작문, 회화 인터뷰, 고향에서 취직]

가 시험 준비는 잘 하고 있어?
나 응, 공부하고 있는데 잘 안 돼.
가 난 <u>한국어 작문</u>이 가장 어려워. 넌 어때?
나 작문도 어렵지만 <u>회화 인터뷰</u>도 좀 어려운 것 같아.
　　난 마지막 시험이라서 잘 쳐야 하는데…….
가 넌 졸업 후의 계획이 있어?
나 <u>고향으로 돌아가서 취직</u>하려고 해. 넌?
가 글쎄, 아직 잘 모르겠어.

1 [한국 문학, 무역학, 무역 회사]

2 [경영학, 비즈니스 영어, 한국에서 취직]

3 [한국어 독해, 한국어 문법, 대학원]

어휘 및 문형

어휘

학교
- 강의실   강당   세미나실   컴퓨터실   어학실습실   연구실
- 동아리   학생회관   학점   점수   리포트   출석   결석   지각   조퇴
- 프레젠테이션(발표)

전공
- 국어국문학   영문학   경영학   경제학   역사학
- 사회학   법학   의학   공학

어휘 및 문형

문형

-아/어

- 가 : 지금 뭐하고 있어?
  나 : 리포트 준비하느라고 책을 좀 찾고 있어.

- 가 : 요즘 많이 바빠? 얼굴 보기 힘드네.
  나 : 취직 준비 때문에 정신이 없어.

-았/었/였어

- 가 : 어제 시험은 잘 쳤어? 좀 어렵던데…….
  나 : 뭐 그럭저럭 쳤어. 별로 어렵지 않던데.

- 가 : 어제 집에 잘 들어갔어?
  나 : 응, 다행히 버스가 빨리 와서 집에 빨리 도착했어.

-(으)ㄹ까?

- 가 : 우리 오랜만에 영화 보러 갈까?
  나 : 미안해. 내일까지 제출해야 하는 리포트가 있어서 갈 수가 없어.

- 가 : 도서관에서 자료 찾는 게 좀 힘들어. 도와줄래?
  나 : 나도 잘 몰라. 우리 한국 친구한테 부탁해 볼까?

-(으)ㄹ래

- 가 : 떡볶이 좀 사왔는데 먹을래?
  나 : 좋아, 매운 것이 먹고 싶었는데 잘 됐네.

- 가 : 같이 도서관에 가지 않을래?
- 나 : 미안해. 지금 약속이 있어.

-(이)야

- 가 : 이거 생일 선물이야. 마음에 들지 모르겠어.
- 나 : 정말이야? 생각도 못했는데 너무 고마워.

-니?

- 가 : 왜 오늘 학교에 안 가니?
- 나 : 오늘 수업 휴강이야.

-아/어(라)

- 가 : 영수야, 내일이 시험인데 공부 좀 해(라).
- 나 : 네, 엄마. 지금 하려고 해요.

- 가 : 맛은 없지만 많이 먹어(라). 내가 직접 요리를 했거든.
- 나 : 와, 맛있어 보인다.

-자

- 가 : 우리 오늘 영화 보러 가자.
- 나 : 요즘 재미있는 영화 있어?

- 가 : 정말 피곤하네. 수업 마치고 바로 집에 가자.
- 나 : 그래. 나도 피곤해.

확인 학습

✱ 다음 주어진 말을 〈보기〉처럼 반말로 바꾸어 보세요.

보기
안녕하세요? 오랜만이에요
→ <u>안녕? 오랜만이야.</u>

1 요즘 어떻게 지내요?

→

2 지난 주말에 우리 반 학생들하고 영화 보러 갔어요.

→

3 책을 빌리려면 학생증을 가지고 가세요.

→

4 우리 한국어 숙제를 같이 할까요?

→

5 지갑을 잃어버려서 차비가 없어요. 돈 좀 빌려줄래요?

→

6 오늘 수업 마치고 노래방에 갑시다.
→

7 마지막 학기라서 취업준비하고 있어요.
→

8 너무 늦게 와서 미안해요. 화내지 마세요.
→

9 왜 이렇게 늦게 왔어요? 늦게 왔으니까 커피 사 주세요.
→

10 미안하지만 이것 좀 도와줄래요? 가방이 너무 무거워요.
→

활동

말하기

1 요즘 자신의 학교생활과 친구의 학교생활에 대해서 이야기해 보세요.

이름	방학	이번 학기	졸업 후

2 반 친구들에게 반말로 자기소개를 해 보세요.

안녕? 내 이름은 토모꼬야. 일본에서 왔고 올해 21살이야. 한국어 전공이고 한국 문화에 관심이 많아서 한국에 왔어. 난 한국 드라마를 아주 좋아해. 한국 드라마에 관심이 있는 사람은 나한테 물어봐. 앞으로 같이 열심히 공부하자.

3   다음 중에서 하나를 선택하여 두 사람씩 대화를 해 보세요.

① 학교에서 친구의 노트북을 사용하다가 고장이 났습니다. 그래서 친구의 기분이 좋지 않습니다. 어떻게 하겠습니까? 이야기해 보세요.

② 일주일 동안 몸이 아파서 오늘까지 교수님께 제출해야 하는 리포트를 하지 못했습니다. 교수님과 이야기해 보세요.

③ 졸업 후에 취직을 해야 할지 대학원에 가야 할지 고민이 됩니다. 친구의 진로를 물어보고 자신의 고민을 이야기해 보세요.

활동

듣기

【1~2】 다음 대화에 이어질 알맞은 답을 고르세요.

1. ① 그래, 넌 하는 일이 없어.
   ② 요즘은 나도 마찬가지야.
   ③ 정말? 너 말조심해야겠어.
   ④ 일이 없는데 바쁠 수는 없어.

2. ① 아니, 아직 못 했어.
   ② 그게 아니야. 힘들어서 그래.
   ③ 교수님께 가서 말씀드릴까?
   ④ 시간이 없으니까 내가 도와줄게.

【3~5】 다음 대화를 잘 듣고 질문에 알맞은 답을 고르세요.

3 두 사람이 관심을 가지고 있는 동아리는 어떤 동아리입니까? 모두 고르세요.
□ 태권도 □ 아카펠라 □ 학교 신문 □ 사물놀이

4 수정이가 선택한 동아리는 어떤 동아리입니까?

5 수정이가 그 동아리를 선택한 이유는 무엇입니까?

쉬어가기

대학 생활 100배 즐기기

◆ 폭넓은 인간관계를 만들자.

◆ 취미 활동(동아리 활동)을 충분히 하자.

◆ 아르바이트로 다양한 사회 경험을 쌓자.

◆ 방학을 이용해서 여행을 많이 다니자.

◆ 다양한 책을 많이 읽자.

◆ 열정적으로 사랑하자.

◆ 열정적으로 공부하자.

대화 ❶

유키   이번 방학에 뭐 할 거야?
마이클 인도를 여행하려고 해.
유키   인도? 너 원래 유럽으로 배낭여행을 가려고 했잖아.
마이클 응, 맞아. 그런데 이번에 학교 앞 여행사에 인도 여행 패키지 상품이 나왔더라. 그래서 좋은 여행상품이 나온 김에 신청을 하게 되었어.
유키   그렇구나. 얼마야?
마이클 패키지라서 조금 싼 것 같아. 숙박료와 비행기 값을 포함해서 250만 원이야.
유키   얼마 동안 가는 거야?
마이클 두 달인데, 한 달은 어학연수고 나머지 한 달은 여행하는 거야.
유키   나도 인도나 가 볼까? 그 여행사 전화번호 알면 좀 가르쳐 줘. 나도 예약해야겠어.

| 여행사 |
| 패키지 (package) |
| 상품 |
| 신청하다 |
| 숙박료 |
| 어학연수 |
| 예약하다 |

주요 문형

• -더라   • -는/(으)ㄴ 김에

유용한 표현

- 좋은 여행 상품이 나온 김에 신청을 하게 되었어.
- 패키지라서 조금 싼 것 같아.
- 숙박료와 교통비를 포함해서 250만 원이야.
- 나도 인도나 가 볼까?

발음

- 원래 [월래]
- 숙박료 [숙빵뇨]

대화 연습

연습 ①

[공부, 외할아버지 댁, 프랑스, 여행, 여행사, 예약하다]

가 방학에 뭐 할 거야?
나 <u>공부</u>를 하거나 <u>외할아버지 댁</u>에 갈까 해. 넌 뭐 할 거야?
가 난 <u>프랑스</u>로 <u>여행</u>을 가려고 해.
나 정말? 재미있겠다. 너 혼자 갈 거야?
가 아니. <u>여행사</u>에 <u>예약</u>해서 다른 사람들이랑 같이 갈 거야.
나 그렇구나. 나도 같이 갈까?
가 그래. 특별한 계획이 없으면 같이 가자.

1 [아르바이트, 제주도 여행, 일본, 단기어학연수, 학교 어학원, 신청하다]

2 [영어 공부, 서울, 아프리카, 자원봉사, 국제봉사단, 신청하다]

연습 ❷

[중국, 추석 연휴, 숙박료, 비행기 값, 53만원, 4박 5일, 상해/소주/항주]

가 여보세요? '좋은 여행사'입니다.

나 제가 이번 휴가 때 중국으로 여행을 가려고 하는데,
    좋은 여행 상품이 있나요?

가 네, 추석 연휴를 맞이하여 아주 싸고 좋은 여행상품이 나왔습니다.

나 얼마예요?

가 숙박료와 비행기 값을 포함하여 53만 원입니다.
    4박 5일이고 상해와 소주, 항주를
    여행하실 수 있습니다.

나 괜찮네요. 그것으로 예약해 주세요.

1 [제주도, 휴가철, 숙박료, 자동차 대여비용, 22만원, 2박 3일, 한라산, 우도]

2 [유럽, 방학, 숙박료, 교통비, 350만원, 18박 19일, 프랑스/영국/독일]

대화 ❷

진진	선배, 나 한국에서 유학하는 김에 한국에서 갈 만한 관광지는 다 가 보고 싶어요. 그런데 어디로 가야 할지 모르겠어요.
민수	한국에 와서 여행을 해 본 적이 있니?
진진	경주에 가 본 적이 있어요.
민수	그럼, 이번 연휴에는 제주도에 가는 게 어때?
진진	제주도요? 정말 가 보고 싶은데 비싸지 않아요?
민수	요즘 연휴라서 싸고 좋은 여행 상품이 많이 있을 거야.
왕호	너희들 제주도에 갈 거야? 나도 같이 가자.
진진	저 혼자 가려고 했는데 선배도 같이 갈래요?
왕호	좋지. 그런데 제주도에 가면 무엇을 봐야 해?
민수	제주도는 경치가 아름다워서 영화나 드라마 촬영지가 많아. 그리고 민속촌과 민속 박물관도 볼 만한 곳이야. 또 돌하르방과 폭포도 정말 인상적일 거야.
왕호	와! 정말 볼 게 많구나. 그럼, 음식은 뭐가 유명해?
민수	다양한 해산물과 갓 잡은 싱싱한 회가 먹을 만한 음식이야.

관광지
연휴
경치
촬영지
민속촌
민속 박물관
돌하르방
폭포
인상적이다
해산물
싱싱하다
회
갓

주요 문형

- –아/어/여야 할지 모르다
- –(으)ㄹ 만하다

유용한 표현

- 갈 만한 관광지는 다 가 보고 싶어.
- 어디로 가야 할지 모르겠어.
- 여행을 해 본 적이 있니?
- 이번 연휴에는 제주도에 가는 게 어때?
- 싱싱한 회가 먹을 만한 음식이야.

발음

- 촬영지 [촤령지]
- 박물관 [방물관]

대화 연습

연습 ①

[영화, '미녀는 괴로워', 인터넷 검색사이트, 찾다]

가 볼 만한 영화 있으면 추천 좀 해줘.
나 글쎄, 요즘 '미녀는 괴로워'가 볼 만한 것 같아.
가 그래? 또 다른 영화는 없어?
나 응. 나도 잘 모르겠어.
　　아! 인터넷 검색사이트에 가서 한 번 찾아봐.
가 그거 좋은 방법이네.

1 [책, '어린 왕자', 서점, 찾다]

2 [음악, 이루의 '흰 눈', 음반가게, 묻다]

연습 ❷

[부산을 구경하다, 해운대, 경치가 아름답다, 바닷물이 깨끗하다]

가 부산을 구경하고 싶은데 좋은 곳이 있으면 소개 좀 해 줘.
나 그동안 어디를 구경해 봤어?
가 바빠서 아무 데도 못 가 봤어.
나 그럼, 해운대를 한 번 가 봐.
가 해운대?
나 해운대는 경치가 아름답고 바닷물이 정말 깨끗해.
가 그래? 그럼, 해운대에 한 번 가 봐야겠다.

1 [한국을 여행하다, 경주, 신라의 수도라서 유적지가 많다, 쌈밥이 유명하다]

2 [서울을 구경하다, 경복궁, 건축물이 아름답다, 볼 만한 것이 많다]

어휘 및 문형

어휘

관광 장소
- 해수욕장   온천   절   유적지   영화 촬영지
  민속촌   박물관   동물원   식물원

여행 느낌
- 아름답다   인상적이다   화려하다   웅장하다
  역사적이다   전통적이다

문형

-더라

- 어제 네가 만든 케이크 정말 맛있더라.
- 그 사람 성격이 정말 좋더라.
- 민수의 여자 친구 정말 예쁘더라.

-는/(으)ㄴ 김에

- 가 : 나 지금 우체국에 갈 거야.
  나 : 그럼, 우체국에 가는 김에 이 편지 좀 부쳐줘.

- 가 : 너 지금 뭐 하니?
  나 : 나 지금 숙제하는 중이야.
  가 : 이왕 하는 김에 내 것도 좀 해 줘.

- 가 : 안녕하세요? 부탁하신 것 가지고 왔어요.
  나 : 아! 고마워. 미안한데, 온 김에 이것 좀 김 선생님께 전해 드려.

어휘 및 문형

-아/어/여야 할지 모르다

- 가 : 기분이 안 좋아 보여. 무슨 일 있어?
  나 : 친구랑 싸웠는데 어떻게 사과해야 할지 모르겠어.

- 가 : 제가 준비한 음식은 다 드셨어요?
  나 : 아니요, 음식이 너무 많아서 뭐부터 먹어야 할지 모르겠어요.

-(으)ㄹ 만하다

- 가 : 요즘 볼 만한 영화가 있어요?
  나 : '우리 생애 최고의 순간' 이라는 영화가 볼 만해요.

- 가 : 심심해. 재미있게 할 만한 게임 없을까?
  나 : 글쎄, 나도 잘 모르겠어.

- 가 : 요즘 들을 만한 음악이 없는 것 같아.
  나 : 나도 그렇게 생각해. 괜찮은 음악이 별로 없네.

확인 학습

✽ 다음 〈보기〉와 같이 대화를 완성해 보세요.

- –아/어/여야 할지 모르다
- –는/(으)ㄴ 김에
- –더라
- –(으)ㄹ 만하다

보기
가 : 오늘 영희는 학교에 왔어?
나 : 아니, 조금 전에 봤는데 기숙사에서 <u>자더라</u>. (자다)

1 가 : 저 지금 시장에 갈 거예요. 같이 갈래요?
   나 : 아니요, 저는 내일 시험이 있어서 못 가요.
       시장에 _____ 아이스크림 좀 사 주세요. (가다)

2 가 : 그 책 재미있니? 아까부터 그 책을 읽고 있네.
   나 : 너도 읽어봐. 진짜 _____ 책이야. (읽다)

3 가 : 어제 소개팅은 잘했어? 그 남자 어때?
   나 : 밥 먹으면서 얘기해 봤는데 정말 _____ (멋있다)

4 가 : 무슨 고민 있어요? 안색이 안 좋네요.
   나 : 열심히 공부하는데 성적이 계속 떨어져서 고민이에요.
       어떻게 _____ (공부하다)

확인 학습

5 가 : 왜 그래? 무슨 일 있어?
　　나 : 사랑을 고백하고 싶은데 어떻게 ＿＿＿＿＿ (하다)

6 가 : 내일 혹시 유키 만날 거야?
　　나 : 응. 만날 거야.
　　가 : 그럼 부탁 하나 하자.
　　　　내일 유키 ＿＿＿＿＿ 이 책 좀 전해줘. (만나다)

7 가 : 어제 혹시 백화점에 가 봤어?
　　나 : 아니, 그런데 무슨 일 있었어?
　　가 : 주말이라서 그런지 사람이 정말 ＿＿＿＿＿ (많다)

8 가 : 지금 무슨 영화 봐요?
　　나 : '6년째 연애 중' 이라는 영화예요?
　　가 : 재미있어요?
　　나 : 아주 재미있지는 않지만 ＿＿＿＿＿ 영화 같아요. (보다)

활동

말하기

1 친구와 함께 여행계획을 세워 봅시다.

장소	
일정	
숙박	
비용	
준비물	
여행코스	

가: 우리 어디로 여행을 갈까?

나: 제주도에 가는 게 어때? 사진을 봤는데 정말 멋있더라. 그리고 친구가 작년에 다녀왔는데 갈 만한 곳이라고 했어.

가: 그래? 그럼, 언제 갈까?

나: 음……, 곧 방학이니까 방학 시작하면 가는 게 어때?

가: 좋아. _____

나: _____

가: _____

나: _____

가: _____

나: _____

활동

2 다음의 여러 가지 여행 상품을 보고 한 명은 여행사 직원, 다른 한 명은 손님이 되어서 이야기해 봅시다.

대학생을 위한 최저가 유럽 배낭여행

* 출발일 : 6월 12일 / 6월 25일
* 일　정 : 15박 16일 (런던 – 파리 – 뮌헨)
* 비　용 : 230만 원
　　　　　(숙박료, 항공권 포함, 식사는 별도)

학생증을 꼭 가져 오셔야 최저가로 예약할 수 있습니다.

보기

직원 : 어서 오세요.
손님 : 이번 방학에 유럽으로 배낭여행을 가려고 하는데요. 배낭여행 상품 있어요?
직원 : 네. 이번에 여름방학을 맞아 대학생을 위한 유럽 여행 상품이 나왔습니다. 15박 16일에 230만 원입니다.
손님 : 와! 아주 싸네요. 비행기 요금과 숙박료도 포함해서 230만 원이에요?
직원 : 네, 그렇습니다. 하지만 식사는 포함되어 있지 않습니다.
손님 : 그럼 언제 출발할 수 있는 거예요?
직원 : 6월 12일과 6월 25일이 있는데 손님께서 날짜를 선택하시면 됩니다. 지금 바로 예약하시겠습니까?
손님 : 네. 바로 예약해 주세요. 6월 말에 출발하는 거로 예약 부탁드려요.
직원 : 그럼 손님, 학생증하고 신분증을 좀 주십시오.

1)

휴가철 특가 일본 여행

* 출발일 : 10월 3일 ~ 10월 20일
  (5인 이상 출발 가능)
* 일   정 : 4박 5일 (하우스 텐보스, 온천)
* 비   용 : 60만 원 (숙박료, 식사, 배표 포함)

여행자 보험과, 가이드 팁은 추가로 내셔야 합니다.

직원 : 어서 오십시오. 무엇을 도와드릴까요?

손님 : 일본에 가려고 하는데 괜찮은 여행 상품이 있어요?

직원 :

손님 :

직원 :

손님 :

직원 :

손님 :

활동

2)

이탈리아, 스페인, 로마 9일

* 출발일 : 11월 2일/ 11월 9일/ 11월 16일
* 일   정 : 8박 9일 (이탈리아 – 스페인 – 로마)
* 비   용 : 250만 원(항공권, 숙박, 식사, 입장료, 여행자 보험 포함)

전체 일정에 따라 이동하지만 마지막 2일은 자유여행을 하실 수 있습니다. 가이드 팁은 따로 주지 않아도 됩니다.

직원 : 안녕하십니까? ○○여행사입니다.

손님 : 여보세요? 제가 이번에

직원 :

손님 :

직원 :

손님 :

직원 :

손님 :

듣기

【1~3】 대화를 잘 듣고 맞으면 O, 틀리면 X 하세요.

1   두 사람은 모두 설악산에 처음 가는 것이다. (   )

2   설악산은 4계절의 아름다운 풍경으로 유명하다. (   )

3   두 사람은 이번 주말에 같이 설악산에 가기로 했다. (   )

【4~5】 다음 대화를 잘 듣고 질문에 답하세요.

4   여자는 언제 여행을 가려고 합니까?   (   )

5   대화의 내용과 같은 것을 고르세요.

① 여자는 겨울연가의 촬영지인 제주도에 가려고 한다.

② 일정은 2박 3일이고 매주 토요일에 출발해서 일요일에 온다.

③ 여행비용은 숙박료와 교통비, 아침식사를 포함하여 모두 10만 원이다.

④ 겨울연가의 촬영지인 남이섬과 춘천으로 가는 여행 상품은 인기가 없다.

활동

【6~8】 다음 대화를 잘 듣고 질문에 알맞은 답을 고르세요.

6 필리핀 여행의 좋은 점을 모두 고르세요.

　　　□ 여행비가 저렴하다　　□ 과일이 맛있다

　　　□ 바다가 아름답다　　　□ 한국 사람들이 많다

7 대화의 내용과 <u>다른</u> 것을 고르세요.

① 언니는 필리핀에서 재미있게 지냈다.

② 동생은 해외로 배낭 여행을 많이 가 봤다.

③ 요즘에는 대학생들이 배낭여행을 많이 간다.

④ 한국 사람들이 신혼여행으로 필리핀에 많이 간다.

8 대학생들이 배낭여행을 많이 가는 이유는 무엇입니까?

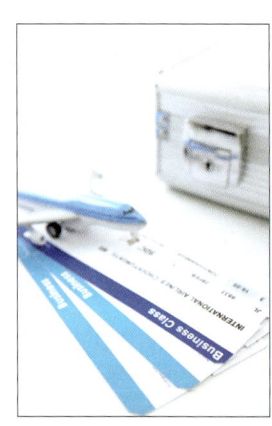

제 7 과 감정

1 감정과 관련된 어휘 익히고 사용하기
2 자신의 경험과 감정 표현하기

🎧 듣기
1. 어제 민수는 무슨 일이 있었습니까?
2. 지금 민수의 기분은 어떻습니까?

대화 ❶

왕호	요즘 정말 우울해.
민수	무슨 일이야? 넌 활발해서 우울한 일이 없는 줄 알았어.
왕호	여자 친구가 좀 이상해. 나랑 같이 있는데도 휴대전화로 다른 사람과 계속 문자메시지를 주고 받아.
민수	정말 이상하네.
왕호	그리고 다른 친구들과는 자주 만나면서 나랑은 잘 만나지 않아.
민수	이건 내 생각인데 여자 친구한테 다른 좋아하는 사람이 생겼을 지도 몰라. 전에 내 친구에게도 이런 일이 있었는데, 그 여자 친구가 다른 남자를 좋아했거든.
왕호	아! 머리가 너무 복잡해!
민수	일단 자세하게 알아보고 다시 얘기하자. 오늘 내가 한 잔 살 테니까 기분 좀 풀어.

우울하다
문자메시지
생기다
복잡하다
자세하다
기분
풀다

주요 문형

- –(으)ㄴ/는데도
- –(으)ㄹ지도 모르다

유용한 표현

- 넌 활발해서 우울한 일이 없는 줄 알았어.
- 다른 좋아하는 사람이 생겼을지도 몰라.
- 머리가 너무 복잡해!
- 내가 한 잔 살 테니까 기분 좀 풀어.

발음

- 생겼을 지도 몰라 [생겨쓸 찌도 몰라]
- 복잡해 [복짜패]

대화 연습

연습 ❶

[마이클의 생일파티, 유쾌하다, 즐겁다, 시험, 잘 못 치다, 속상하다]

가 지난주에 <u>마이클의 생일파티</u> 어땠어?
나 정말 <u>유쾌하고 즐거운 파티</u>였어.
가 그래? 난 가고 싶었는데도 <u>시험</u> 때문에 못 갔어. 정말 너무 아쉬워.
나 <u>시험</u>은 어땠어?
가 <u>잘 못 쳐서 속상해</u>.

1 [선생님 결혼식, 멋지다, 아름답다, 면접, 질문이 많다, 난처하다]

2 [본 영화, 재미있다, 감동적이다, 아르바이트, 일이 많다, 힘들다]

연습 ❷ 〈보기〉처럼 주어진 상황에 맞게 옆 사람과 이야기해 봅시다.

[민수 : C학점을 받음 / 유키 : 장학금을 받음]

민수　무슨 일 있어요? 기분이 아주 좋아 보여요.
유키　사실은 이번에 제가 장학금을 받게 되었어요.
민수　와! 축하해요. 진짜 뿌듯하겠어요.
유키　그런데 민수 씨는 기분이 안 좋아 보이네요. 성적이 나빠요?
민수　묻지 마세요. 창피해요.
유키　성적이 많이 안 좋아요?
민수　사실은 C가 2개나 있어요. 정말 열심히 했는데도 성적이 안 좋아서 허무해요.

1 [나 : 친구와 싸웠음 / 친구 : 남자(여자)친구와 헤어짐]

2 [나 : 어제 도둑이 들었음 / 친구 : 어제 재미있는 영화를 봤음]

대화 ❷

기자	저는 부산외대 신문사 기자 이미영입니다. 유학생활에 대해서 간단하게 인터뷰를 좀 하고 싶어요.
마이클	네, 그러세요.
기자	마이클 씨는 한국에 온 지 얼마나 됐나요?
마이클	벌써 9개월이 다 되어가요. 그동안 바쁘게 지내느라고 시간이 이렇게 빨리 흘러간 줄도 몰랐어요.
기자	마이클 씨는 지금까지 한국에 있으면서 가장 행복했던 때가 언제인가요?
마이클	아마 처음 한국에 와서 우리 반 학생들이 저한테 생일파티를 열어줬을 때가 가장 행복했던 것 같아요.
기자	그럼 가장 슬펐던 때는 언제인가요?
마이클	슬펐던 적은 별로 없었고, 조금 외로웠던 적은 있었어요. 지난 학기에 교통사고가 났을 때 부모님이 곁에 안 계셔서 외로웠어요.

신문사
기자
간단하다
인터뷰
흘러가다
외롭다
교통사고
곁

주요 문형

- –느라고
- –았/었/였던

유용한 표현

- 유학생활에 대해서 간단하게 인터뷰를 좀 하고 싶어요.
- 바쁘게 지내느라고 시간이 이렇게 빨리 흘러간 줄도 몰랐어요.
- 가장 행복했던 때가 언제인가요?
- 부모님이 곁에 안 계셔서 외로웠어요.

발음

- 행복했던 [행보캗떤]
- 슬펐던 [슬펃떤]
- 곁에 [겨테]

대화 연습

연습 ❶ 추억에 관해서 인터뷰를 해 봅시다.

질문	친구1	친구2
어렸을 때 불렀던 노래는 무엇인가요?		
어렸을 때 여행 갔던 곳 중에서 가장 기억에 남는 곳은 어디인가요?		
고향에 있을 때 어머니가 하셨던 말씀은 무엇인가요?		
지금까지 살면서 가장 기뻤던 일은 무엇인가요?		
지금까지 살면서 가장 슬펐던 일은 무엇인가요?		

어휘 및 문형

어휘

감정과 기분

- 기쁘다   떨리다   무섭다   슬프다   외롭다   긴장하다   심심하다
- 행복하다   지루하다   흥분되다   신이 나다   짜증나다   화가 나다
- 불안하다   걱정되다   섭섭하다

어휘 및 문형

문형

-(으)ㄴ/는데도

- 매일 열심히 공부하는데도 성적이 오르지 않습니다.
- 그 여자는 키가 크고 예쁜데도 남자친구가 없습니다.
- 매일 청소를 하는데도 방이 더럽습니다.
- 민수는 머리가 아픈데도 약을 먹지 않습니다.

-(으)ㄹ지도 모르다

- 가 : 수미 씨가 전화를 안 받아요. 혹시 무슨 일인지 알아요?
  나 : 아마 지금 잠을 자고 있을지도 몰라요.

- 가 : 수업시간이 시작되었는데 선생님께서 왜 안 오세요?
  나 : 오늘 휴강일지도 몰라요.

- 가 : 날씨가 많이 흐리네요.
  나 : 저녁에 비가 올지도 몰라요.

-느라고

- 어제 밤에 텔레비전을 <u>보느라고</u> 숙제를 안 했어요.
- 방학 동안 배낭여행을 <u>하느라고</u> 고향에 못 갔어요.
- 요즘 요가를 <u>배우느라고</u> 바빠요.

-았/었/였던

- 어제 <u>봤던</u> 영화는 어땠어요?
- 저번에 같이 <u>갔던</u> 곳이 어디예요?
- 오늘 점심에 <u>먹었던</u> 칼국수는 정말 맛있었어요.

확인 학습

✱ 다음의 문형을 가지고 대화를 완성해 보세요.

- −(으)ㄴ/는데도
- −느라고
- −(으)ㄹ지도 모르다
- −았/었/였던

보기
가 : 내 책 못 봤어?
나 : 글쎄요. 나도 급하게 <u>나오느라고</u> 못 봤어.

1
가 : 이 영화는 참 재미있고 내용도 좋은 것 같아요. 인기가 많았지요?
나 : _____ 흥행하지는 못했어요.

2
가 : 민수 씨, 제가 불렀는데도 왜 대답 안 해요?
나 : 미안해요. 친구와 _____ 부르는 소리를 못 들었어요.

3
가 : 혹시 지금 왕영 씨가 어디에 있는지 알아요?
나 : 지난주에 우리가 같이 커피를 _____ 커피숍에 있어요.

4
가 : 혹시 방학 때 계획이 있어?
나 : 부모님이 보고 싶어서 _____.

5
가 : 맛있는 걸 먹고 싶은데 저 식당은 어때?
나 : 지난번에 가 봤는데 _____ 음식 맛은 별로 없어.

6 가 : 우유가 맛이 이상해요. 먹어 보세요.
　　나 : 네, 조금 이상하네요. ▭ 먹지 마세요.

7 가 : 오늘은 또 왜 늦었어?
　　나 : 미안해. ▭ 버스를 놓쳤어.

8 가 : 작년에 우리가 같이 ▭ 식당이 여기예요?
　　나 : 네, 맞아요. 이제 기억나요?

9 가 : 어떡하지? 화장실에 지갑을 두고 나왔어.
　　나 : 정말? 빨리 가 보자. 누가 벌써 ▭

10 가 : 너 조금 전에 왜 전화를 안 받았어?
　　나 : 전화? 나한테 전화했어? 전화 온 적이 없는데…….
　　가 : 몇 번을 ▭ 받지 않았어.
　　　　휴대전화 다시 확인해 봐.

활동

말하기

1 다음과 같은 경우에 어떤 감정이 생기겠습니까? 이야기해 보세요.

1억 원짜리 복권에 당첨되었을 때

사랑하는 남자(여자)와 헤어졌을 때

숙제도 없고 다른 일이 하나도 없을 때

밤에 길을 가는데 뒤에서 누가 따라오고 있을 때

고향에 있는 친구를 5년 만에 만났을 때

창밖에 비가 오고 주위가 아주 조용할 때

2 지금까지 살면서 여러분은 언제, 어떤 감정을 느꼈습니까? 이야기해 보세요.

	언제였습니까?	무슨 일이 있었습니까?
가장 무서웠을 때		
가장 당황했을 때		
가장 외로웠을 때		
가장 긴장하고 떨렸을 때		

3 다음의 경우 여러분의 기분은 어떨까요? 친구와 대화를 해 보세요.

1	가 : 우리 반에서 가장 친한 친구가 갑자기 고향으로 떠나게 되었어요. 나의 마음을 친구에게 이야기하세요. 나 : 나는 내일 고향으로 떠나야 해요. 그동안 같이 공부했던 친구들과 헤어져야 해요. 친구들과 작별인사를 하세요.
2	가 : 나는 오늘 아침 7시까지 학교에 가야 해요. 어제 엄마에게 6시에 일어나야 한다고 말했어요. 그런데 못 일어나서 학교에 늦었어요. 나 : 나는 아들/딸을 아침 6시에 깨웠는데 일어나지 않았어요.
3	가 : 한국어 말하기 대회가 이틀 남았어요. 그런데 아직 모두 외우지 못하고 발음도 계속 틀려요. 나 : 나의 학생이 말하기 대회에 참가하게 되었는데 지금 잘 못하고 있어요. 학생에게 충고해 주세요.

활동

듣기

【1~2】 다음 대화에 이어질 알맞은 답을 고르세요.

1
① 응, 영희와 사소한 일로 싸웠거든.
② 얼굴은 안 좋아 보여도 기분은 좋아.
③ 교수님께서 시험을 잘 쳤다고 하셨거든.
④ 아니, 내일은 시간이 없어. 다음에 가자.

2
① 나는 상관없어. 내일 줘도 괜찮아.
② 요즘 노트북이 없어서 과제를 제대로 못하고 있어.
③ 어떡하지? 어제 동생이 쓰다가 고장이 나고 말았어.
④ 나랑 같이 서면에 갈까? 싸고 좋은 노트북이 많이 있어.

【3~4】 다음 대화를 잘 듣고 질문에 알맞은 답을 고르세요.

3 수미의 카메라는 왜 고장이 났습니까?
① 수미가 사진을 찍다가
② 수미가 바다에 가지고 들어가서
③ 지연이와 같이 여행 가서 놀다가
④ 지연이가 바다에 가지고 들어가서

4 수미와 지연이의 감정은 어떻게 변했습니까?

　　수미 : (　　　　　) ⇒ (　　　　　)

　　지연 : (　　　　　) ⇒ (　　　　　)

【5~6】 다음 대화를 잘 듣고 질문에 알맞은 답을 고르세요.

5 두 사람은 무엇에 대해 이야기하고 있습니까?
　　① 솔직한 감정　　　② 내성적인 성격
　　③ 외향적인 성격　　④ 감정과 성격

6 다음 중 들은 내용과 같은 것을 고르세요.
　　① 감정 표현을 잘하는 사람은 정신건강에 좋다.
　　② 남자는 감정과 성격이 관계가 깊다고 생각한다.
　　③ 어디에서든지 큰 소리로 이야기하고 웃는 것이 좋다.
　　④ 여자는 자기감정에만 빠져 있는 것이 좋다고 생각한다.

7 여러분은 어느 쪽인지 그 이유는 무엇인지 이야기해 보세요.

EQ[emotional quotient]

감성지수 또는 감정적 지능지수라고도 한다. 지능지수(IQ)와는 다른 지능으로, 마음의 지능지수라고 할 수 있다.

감정지수의 내용은 다음과 같다.

첫째, 자신의 기분을 알고 이를 존중하고 스스로 결단을 내릴 수 있는 능력

둘째, 충동을 자제하고 불안이나 분노와 같은 스트레스의 원인이 되는 감정을 통제할 수 있는 능력

셋째, 실패했을 때에도 좌절하지 않고 자기 자신을 격려할 수 있는 능력

넷째, 다른 사람의 감정을 이해하고 함께 느낄 수 있는 공감능력

다섯째, 단체 내에서 조화를 유지하고 다른 사람들과 서로 협력할 수 있는 사회적 능력

제 8과 성격

1. 다른 사람의 성격 표현하기
2. 성격과 관련된 어휘 익히고 사용하기

🎧 듣기
1. 마이클은 지금 어디에 있습니까?
2. 마이클의 성격은 어떻습니까?

대화 ❶

민수   어제 나한테 소개해 준 친구는 어떤 사람이야?
제임스 유키는 활발하고 성실한 사람이야. 그리고 모든 일에
       적극적으로 참여하는 편이야.
민수   그렇구나. 난 어제 유키가 말을 잘 안 해서 내성적인
       줄 알았어. 그리고 조금 예쁜 척을 하는 것 같았어.
제임스 예쁜 척? 하하. 유키는 너무 활달해서 남자 같아.
       그래서 여학생들보다 남학생들과 자주 어울리곤 해.
민수   그래? 내가 오해했구나. 그런데 어제는 왜 그랬지?
제임스 사실은 어제 유키한테 안 좋은 일이 있었어.
       단짝 친구와 싸웠거든.
민수   그랬구나. 왜 싸웠대?
제임스 그 친구가 게을러서 매일 유키만 기숙사 청소를 했대.

성실하다
적극적이다
참여하다
내성적이다
활달하다
어울리다
오해하다
단짝 친구
게으르다

주요 문형

• -(으)ㄴ/는 척하다   • -곤 하다

유용한 표현

- 활발하고 성실한 사람이야.
- 적극적으로 참여하는 편이야.
- 내성적인 줄 알았어.
- 너무 활달해서 남자 같아.

발음

- 적극적으로 [적끅쩌그로]
- 싸웠거든 [싸원꺼든]

대화 연습

연습 ❶

[성격이 밝다, 적극적이다, 영호, 수업을 듣다, 소극적이다]

스티브   민수야! 나한테 한국 친구 좀 소개해 줘. 한국 친구를 많이 사귀고 싶어.

민수   어떤 친구를 소개받고 싶어?

스티브   <u>성격이 밝고 적극적인</u> 사람이면 괜찮을 것 같아.

민수   그래? 그럼, 내 친구 <u>영호</u>는 어때?

스티브   <u>영호</u>? 전에 우리랑 같이 <u>수업을 들었던</u> 친구지?
글쎄, 영호는 <u>소극적</u>이잖아. 다른 친구를 소개해 줘.

1   [친절하다, 겸손하다, 진희, 밥을 먹다, 차갑다]

2   [부지런하다, 활발하다, 철수, 술을 마시다, 까불다]

연습 ❷ 다음과 같을 때 여러분은 무엇을 합니까? 친구들과 이야기해 보세요.

[시간이 있을 때]

가 넌 시간이 있으면 뭘 하니?

나 난 시간이 있으면 영화를 자주 보곤 해. 너는?

가 음……. 집에서 책을 보거나 친구와 전화를 하곤 해.

1 [심심할 때]

2 [슬플 때]

3 [혼자 집에 있을 때]

4 [공부가 하기 싫을 때]

5 [시험 친 후]

대화 ❷

유키	무슨 사진이에요?
왕호	중국에 있는 친구들이야. 한국에 오기 전에 찍었어.
유키	사진 속에 선배의 여자 친구도 있어요?
왕호	응, 한 번 찾아봐.
유키	혹시 빨간색 원피스를 입은 사람 아니에요? 제일 예쁜 사람이요.
왕호	맞아. 얼굴도 예쁘지만 성격도 좋아. 예의가 바르고 부지런해서 교수님들께서 칭찬을 많이 해.
유키	아! 정말 닭살 커플이에요. 여자 친구 자랑 좀 그만하세요. 그런데 선배 뒤에 있는 사람은 얼굴이 무섭게 생겼어요. 차가울 것 같아요.
왕호	칭칭? 얼굴은 무섭게 생겼어도 성격은 그 반대야. 나도 처음에는 칭칭을 무서워했는데 이야기해 보니까 정말 순진한 친구였어.
유키	역시 사람은 겉만 보고 판단하면 안 돼요. 그렇죠?

예의
바르다
부지런하다
칭찬하다
닭살
커플
자랑
차갑다
순진하다
겉
판단하다

주요 문형

• -아/어/여도   • -(으)니까

유용한 표현

- 얼굴도 예쁘지만 성격도 좋아.
- 예의가 바르고 부지런해서 교수님들께서 칭찬을 많이 해.
- 얼굴은 무섭게 생겼어도 성격은 그 반대야.
- 이야기해 보니까 정말 순진한 친구였어.
- 사람은 겉만 보고 판단하면 안 돼요.

발음

- 칭찬을 했어 [칭차늘 해써]
- 생겼어도 [생겨써도]
- 무섭게 [무섭께]
- 겉만 [건만]

대화 연습

연습 ① 우리 반 친구 중에서 겉으로 보이는 모습과 성격이 다른 친구가 있습니까? 그 친구의 성격을 이야기해 보세요.

가 　겉으로 봤을 때와 성격이 다른 친구가 있어?

나 　응, 마이클이야. 그냥 겉모습만 봤을 때 아주 소극적인 줄 알았어.
　　그런데 같이 연극대회를 준비해 보니까 정말 적극적이더라.

가 　그렇구나.

나 　너도 그런 친구가 있어?

가 　내 생각에는 _____

나 　_____

가 　_____

나 　_____

가 　_____

나 　_____

사람을 겉모습만 보고 판단하면 안 돼.

어휘 및 문형

어휘

성격
- 적극적이다   낙천적이다   사교적이다   너그럽다   솔직하다
- 꼼꼼하다   침착하다   겸손하다   소극적이다   다혈질이다
- 내성적이다   변덕스럽다   냉정하다   거만하다   부지런하다
- 덤벙거리다   고집이 세다   성실하다   게으르다

서로 반대되는 어휘를 찾아보세요.

적극적이다	
겸손하다	
부지런하다	
외향적이다	
꼼꼼하다	

어휘 및 문형

문형

-(으)ㄴ/는 척하다

- 우리 언니는 남자친구 앞에서 항상 예쁜 척해요.
- 친구가 만든 요리가 맛이 없었지만 맛있는 척했어요.
- 우리 반 친구들은 선생님이 들어오시면 열심히 공부하는 척해요.
- 나는 동생이 숙제를 도와달라고 하면 항상 바쁜 척해요.

-곤 하다

- 어렸을 때, 동생하고 가끔 싸우곤 했어요.
- 기분이 나쁘면 바다에 자주 가곤 했어요.

-아/어/여도

- 요즘 다이어트 때문에 배가 고파도 밥을 먹지 않아요.
- 한국어가 어려워도 열심히 공부해야 합니다.
- 저는 날씨가 추워도 아이스크림을 잘 먹어요.

-(으)니까

- 창문을 여니까 눈이 오고 있었어요.
- 아까 전화하니까 통화중이던데.
- 학교에 도착하니까 선생님이 와 계셨어요.

확인 학습

✻ 다음 〈보기〉와 같이 대화를 완성해 보세요.

- -(으)ㄴ 줄 알다
- -(으)ㄴ/는 척하다
- -곤 하다
- -아/어/여도
- -(으)니까

보기
가 : 교수님께 가 봤어?
나 : 교수님 연구실에 <u>가 보니까</u> 안 계시던데.

1 가 : 유키 씨, 매운 불닭 먹어 보셨어요?
   나 : 네, _____ 정말 맛있었어요.

2 가 : 반가워요. 이게 얼마 만이에요?
   나 : 누구세요?
   가 : 죄송합니다. 저는 제 _____

3 가 : 마이클, 요즘 공부는 잘 하고 있어?
   나 : 글쎄, 열심히 _____ 실력이 늘지 않네.

4 가 : 선생님, 보통 주말에 뭐 하세요?
   나 : 보통 영화를 보거나 친구를 _____

확인 학습

5 가 : 민수야, 엄마 심부름 좀 해 줄래?

　　나 : 엄마, 저 공부하고 있어요.

　　가 :　　　　　　　　지금 인터넷 하는 거 알고 있어.

6 가 : 다음 달에 김 선생님이 결혼하신대.

　　나 : 정말이야? 난 김 선생님이 결혼을　　　　　　　　

7 가 : 너는 진진에 대해서 어떻게 생각하니?

　　나 : 나는 진진 별로 안 좋아해.
　　　　예쁘지도 않으면서　　　　　　　　

8 가 : 너 어디 갔었니? 아까 너네 집에　　　　　　　　없더라.

　　나 : 친구가 와서 잠깐 밖에 나갔었어.

9 가 : 얼굴이 안 좋아 보이는데 무슨 일 있어?

　　나 : 이번 다이어트도 실패야.
　　　　아무리　　　　　　　　살이 빠지지 않아.

10 가 : 시간이 있을 때 보통 무엇을 해요?

　　나 : 전 시간이 있으면　　　　　　　　

　　가 : 저와 비슷하네요. 그럼, 우리 내일 같이 등산 갈까요?

활동

말하기

1 우리 반 친구들의 첫인상은 어땠습니까? 그 이유는 무엇입니까?
친구들과 함께 이야기해 봅시다.

이름	첫인상	이유
미나꼬	조용하고 성실한 것 같아요	처음 봤을 때 말이 없었어요

2 우리 반 친구들의 첫인상이 지금은 어떻게 바뀌었습니까?

이름	바뀐 모습
미나꼬	미나꼬 씨는 조용한 줄 알았는데, 생각보다 활발하고 적극적이에요.

활동

3 두 사람씩 짝을 지어 한 사람은 반 친구의 성격을 설명하고, 다른 한 사람은 누구인지 이야기해 봅시다.

> 이 사람은 수업 시간에
> 아주 적극적이고 발표도 잘 해요.
> 하지만 좀 덤벙거리는 것 같아요.
> 또 걱정이 없고 낙천적이에요.
> 누구일까요?

정답: 왕호

4 다음의 성격테스트로 자신의 성격을 알아봅시다.

1)

당신은 소, 말, 양, 원숭이, 호랑이랑 같이 항해를 합니다.
그런데 갑자기 폭풍이 불기 시작했어요! 그럼, 당신은 어떤 동물을 먼저 버리겠습니까? 아래의 결과를 보지 말고 이야기해 보세요.

- 결과
  · 소를 먼저 버리면 '먹는 것'을 먼저 버리는 겁니다.
  · 말을 먼저 버리면 '양심'을 먼저 버리는 겁니다.
  · 양을 먼저 버리면 '배움'을 먼저 버리는 겁니다.
  · 원숭이를 먼저 버리면 '친구'를 먼저 버리는 겁니다.
  · 호랑이를 먼저 버리면 '자존심'을 먼저 버리는 겁니다.

2)

당신은 문을 어떻게 여나요?
ⓐ 소리가 날까 봐 살짝 연다.
ⓑ 그냥 열고 본다.
ⓒ 처음엔 살짝~ 그러나 나도 모르게 세게 연다.
ⓓ 문 앞에 잠시 멈췄다가 연다.

- 결과
ⓐ 신중한 성격
　당신은 모든 일을 할 때 조심합니다. 화도 잘 내지 않지만 한 번 마음에 들지 않은 친구에겐 다시 마음을 열기 어렵군요. 한 발 먼저 양보해 보세요. 마음이 맞는 친구를 만날 수도 있습니다.

ⓑ 활발한 성격
　많은 사람들과 시끌벅적하게 지내는 것을 좋아합니다. 사소한 일에는 신경을 쓰지 못해 실수도 많이 하지만 둥글둥글한 성격 덕분에 그런 실수쯤은 용서받을 수 있습니다.

ⓒ 꼼꼼한 성격
　치밀하게 계획된 생활을 하는 성격입니다. 모든 일에 의욕적이고 일처리도 빨라서 주변으로부터 신뢰를 받습니다.

ⓓ 개성이 강한 성격
　개성이 강한 당신은 좋고 싫음, 옳고 그름을 정확히 판단합니다. 그래서 다른 사람을 대할 때도 조금 까다로운 경향이 있습니다. 다른 사람을 이해하려는 마음을 가져 보세요. 친구들과 더 좋은 사이가 될 수 있을 겁니다.

활동

듣기

【1~2】 다음 대화에 이어질 알맞은 답을 고르세요.

1.
① 그래, 정말 무섭더라.
② 반장이 무서운 건 모두 다 알고 있는 사실이야.
③ 나도 그렇게 생각했는데 이야기해 보니까 친절하더라.
④ 맞아. 다른 친구도 무섭다고 얘기하는 걸 들은 적이 있어.

2.
① 식당을 선택하는 것도 중요해.
② 그래? 나도 예전에 많이 오던 곳인데.
③ 맛이 없어도 많이 먹어야만 건강해져.
④ 맞아. 학교 식당이 제일 맛있는 것 같아.

【3~4】 다음 대화를 잘 듣고 질문에 알맞은 답을 고르세요.

3. 두 사람은 무엇에 관해 이야기하고 있습니까?
① 두 사람의 혈액형
② 혈액형별 건강 상태
③ 혈액형과 성격의 관계

4. 두 사람의 대화 내용과 <u>다른 것</u>을 고르세요.
① B형은 바람둥이가 많다.
② 수미의 혈액형은 A형이다.
③ 같은 혈액형의 사람들은 성격이 똑같다.
④ 요즘은 혈액형으로 성격 테스트 하는 것이 유행이다.

【5~7】 다음 대화를 잘 듣고 질문에 알맞은 답을 고르세요.

5 두 사람은 무엇에 대해 이야기하고 있습니까?

① 남자와 여자의 성격

② 직업과 성격의 관계

③ 남자와 여자의 결혼 조건

6 두 사람의 대화 내용 중 맞는 것을 모두 고르세요.

① 여자들이 싫어하는 성격은 다혈질이다.

② 남자들이 좋아하는 성격은 자상한 사람이다.

③ 남자들은 50% 이상이 경제력이 중요하다고 생각한다.

④ 여자들은 결혼 상대 조건으로 성격이 중요하다고 생각한다.

7 왕호의 성격은 (   )은/는 아니지만 성격이 (   ).

A, B, O, AB 재미있는 혈액형별 성격!

▶ A형

변화를 싫어하고 생활의 안정을 좋아하는 성격으로 조금은 소극적입니다. 일을 빨리 하지 않지만 신중하게 차근차근 진행하며, 꼼꼼하고 치밀하게 마무리를 합니다. 하지만 변화가 없기 때문에 답답하다는 소리를 듣기도 합니다. A형의 사람들은 바람둥이가 거의 없으며 한 사람을 좋아하면 오랫동안 좋아하는 성격입니다.

▶ B형

아주 활발하고 활동적으로 행동하는 성격입니다. 학교에 들어가면 주위 사람들과 잘 어울리지 못하고, 방황을 많이 합니다. 하지만 자신이 흥미를 느끼는 일에는 정말 열심히 하는 편입니다. 그리고 B형은 자유로운 생활을 하고 싶어 하는 경향이 높아서 연애를 하거나 사랑을 하면 구속을 싫어합니다. 그래서 B형의 사람들 중에는 바람둥이가 많습니다.

▶ O형

주위의 친구들을 잘 보살펴 주고 모든 일에 적극적으로 나서며, 자기 일처럼 열정을 가지고 행동합니다. 하지만 개성이 강하고 자기 주장도 강한 O형의 성격 때문에 다른 사람과 의견 마찰이 예상됩니다. O형의 사람들은 로맨틱한 사랑을 꿈꿉니다.

▶ AB형

평범한 성격을 가지고 있습니다. 눈치가 빨라서 혼날 것 같은 일은 잘 하지도 않으며, 주위의 상황을 잘 파악합니다. 모든 일에 의욕이 강하며 무슨 일이든지 열심히 하려고 합니다. 사람을 대할 때도 항상 태도에 신경을 쓰며 일을 진행할 때는 실수가 없도록 꼼꼼하게 노력하는 차분한 스타일입니다.

대화 ❶

(영화 매표소에서)

직원　어서 오세요. 무슨 영화를 보려고 하십니까?

유키　어떤 영화가 제일 볼 만해요?

직원　글쎄요. 요즘 가장 흥행하는 영화는 '미녀는 괴로워' 예요. 어떤 사람은 하도 재미있어서 3번이나 봤다고 해요.

> 흥행하다
> 감동적이다
> 대중적이다
> 좌석

유키　그래요? 저는 그런 대중적인 영화보다 조용하면서 감동적인 영화가 더 좋던데, 그런 영화 없어요?

직원　그럼, '집으로'를 보세요. 할머니와 손자의 따뜻한 사랑 이야기라서 손님이 좋아하실 것 같네요.

유키　그럼, '집으로'로 2장 주세요. 시간은 3시 영화로 해 주세요.

직원　네. 알겠습니다. 좌석은 어디로 하시겠습니까? 컴퓨터 화면을 보고 선택하시면 됩니다.

유키　음, 5번째 줄 중앙이 좋겠어요.

직원　네, 모두 13,000원입니다.

주요 문형

- -하도 -아/어/여서
- -던데

유용한 표현

- 어떤 영화가 제일 볼 만해요?
- 하도 재미있어서 3번이나 봤다고 해요
- '집으로'로 2장 주세요.
- 시간은 3시 영화로 해 주세요.
- 좌석은 어디로 하시겠습니까?

발음

- 좋던데 [조턴데]
- 따뜻한 [따뜨탄]

대화 연습

연습 ① 〈보기〉와 같이 대화를 보고 내용을 바꾸어 이야기해 봅시다.

[뮤지컬, 재미있다, '루나틱', 유쾌한 웃음을 주다, 다음 주]

가 지난 주말에 뭐 했어?

나 민수와 함께 뮤지컬을 봤어.
    한국에서는 처음 봤는데 정말 재미있더라.

가 뮤지컬 제목이 뭐야?

나 '루나틱'이라고 유쾌한 웃음을 주는 뮤지컬이었어.

가 나도 보러 가고 싶다. 언제까지 한대?

나 다음 주까지 계속 공연한다던데 너도 빨리 보러 가.

1 [공연, 좋다, '점프', 재미있는 내용과 멋진 무술을 볼 수 있다, 다음 달]

2 [오페라, 환상적이다, '아이다', 웅장하고 화려하다, 이번 주말]

연습 ❷ 주어진 상황에 맞게 어떤 영화를 볼 것인지 이야기해 보세요.

[가 : 여자 친구,   나 : 남자 친구]

가　어떤 영화가 보고 싶어?

나　난 액션 영화를 좋아하는데 넌 어떤 영화가 좋아?

가　로맨틱한 영화가 좋던데 우리 멜로 영화 보자.

나　그럼 '너는 내 운명' 어때? 슬픈 사랑 이야기라서 네가 좋아할 것 같아.

가　응. 고마워. 우리 다음에는 꼭 액션 영화 보자.

1　가　한국 대학생　　나　한국에서 유학을 하고 있는 외국인

2　가　코미디 영화를 좋아하는 친구　　나　공포 영화를 좋아하는 친구

대화 ❷

진진	지영아, 너 어제 콘서트 보러 갔었어?
지영	응. 혼자 보기에는 정말 아까운 콘서트였어. 그 가수 정말 노래 잘하더라.
진진	나도 가고 싶었는데 중요한 시험이 있어서 못 갔어. 정말 안타깝다.
지영	텔레비전에서 볼 때도 노래를 참 잘 한다고 생각했는데 직접 들으니까 가창력이 정말 대단했어.
진진	맞아. 예전에 서울에서 했던 콘서트에 가 봤는데 정말 최고였어.
지영	그런데 그 가수한테 여자친구가 2명이 있다면서?
진진	아니야. 다 헛소문일 거야. 그 가수가 잘생긴데다가 인기가 많으니까 그런 소문이 나겠지.
지영	어제 인터넷에서 봤어. 사실 그 가수가 스캔들 기사가 많이 나잖아. 그 소문이 맞을 거야.
진진	넌 왜 그렇게 연예인 스캔들에 관심이 많아?
지영	그냥 재미있잖아. 하하하

콘서트
소름
돋다
가창력
헛소문
스캔들
기사
소문

주요 문형

- -기에는
- -(으)ㄴ/는데다가

유용한 표현

- 혼자 보기에는 정말 아까운 콘서트였어.
- 중요한 시험이 있어서 못 갔어.
- 직접 들으니까 가창력이 정말 대단했어.
- 다 헛소문일거야.

발음

- 헛소문 [헏쏘문]
- 인기 [인끼]
- 연예인 [여녜인]

대화 연습

연습 ❶ 〈보기〉와 같이 '-(으)ㄴ/는데다가'를 사용하여 이야기해 보세요.

[좋아하는 노래]

가 요즘 유행하는 노래 중에서 어떤 노래를 좋아해?

나 음…… SC워너비의 '아리랑'이 좋더라.
    난 댄스 노래보다 조용한 발라드 노래를 더 좋아하거든.

가 '아리랑'이 요즘 인기가 많던데, 너도 좋아하는구나.

나 대중가요지만 전통가요인 '아리랑'의 판소리 부분을 노래에 담아서
    더 인기가 많은 것 같아.

가 그렇구나. 나는 이유리의 '사랑해'를 너무 좋아해서 이유리가 출연하
    는 방송은 다 보고 있어.

나 너는 예전부터 이유리를 좋아했지? 이유리가 왜 좋아?

가 이유리는 <u>예쁜데다가</u> 노래도 잘 하잖아.

1 재미있게 본 한국의 드라마

2 좋아하는 연예인(가수, 영화배우 등)

3 감동적이었던 책

어휘 및 문형

어휘

문화생활

- 공연 : 뮤지컬, 연극, 영화, 콘서트, 연주회, 전시회
- 영화 : 액션영화, 공포영화, 멜로영화, 공상과학영화, 코믹영화

  전쟁영화, 가족영화, 만화영화(애니메이션)
- 음악 : 클래식, 국악, 가요(힙합, 록, 트로트, 댄스, 발라드)

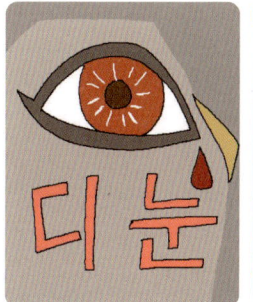   

공포영화   액션영화   멜로영화   만화영화

코믹영화   공상과학영화   전쟁영화

어휘 및 문형

문형

하도 -아/어서

- 가 : 수미 씨, 주말에 뭐 했어요?
  나 : <u>하도 심심해서</u> 친구랑 하루 종일 채팅했어요.

- 가 : 어제 쇼핑 많이 했어요?
  나 : 아니요, 백화점 물건이 <u>하도 비싸서</u> 하나도 못 샀어요.

- 가 : 민수 씨, 얼굴이 안 좋아 보여요.
  나 : 머리가 <u>하도 아파서</u> 약을 먹었는데도 낫지 않아요.

-던데

- 가 : 며칠 전에 어떤 여자하고 같이 <u>가던데</u> 여자 친구예요?
  나 : 아니에요. 제 여동생이에요.

- 가 : 아까 열심히 책을 <u>보던데</u> 무슨 책이에요?
  나 : 네, '한국 역사와 문화' 라는 책이에요.

- 가 : 혹시 미나꼬 씨 보셨어요?
  나 : 네, 도서관 앞에서 혼자 커피 <u>마시던데요</u>.

-기에는

- 가 : 왜 그렇게 옷을 많이 입었어?
  나 : 하나만 입기에는 너무 추워.

- 가 : 아무래도 길을 잃어버린 것 같아. 다시 돌아가자.
  나 : 지금 돌아가기에는 이미 너무 멀리 왔어.

- 가 : 많이 드세요. 제가 선배를 위해서 3시간 전부터 준비한 거예요.
  나 : 응, 고마워. 그런데 혼자 먹기에는 양이 너무 많아.

-(으)ㄴ/는데다가

- 이 식당은 가격이 싼데다가 맛도 좋아요.
- 유키는 성격이 좋은데다가 공부도 열심히 해요.
- 그 가수는 노래도 잘 하는데다가 춤도 잘 춰요.

확인 학습

✱ 다음 〈보기〉와 같이 대화를 완성해 보세요.

- 하도 –아/어서
- –던데
- –기에는
- –(으)ㄴ/는데다가

보기
가 : 아까 밖에 나가보니까 날씨가 <u>춥던데</u> 옷을 많이 입고 나가.
나 : 벌써 날씨가 추워졌어요?

1 가 : 며칠 전에 영화 '우리 사이'를 _____ 봤어요? 어땠어요?
나 : 네, 봤는데 별로 재미없었어요.

2 가 : 지난번에 부탁한 일, 내일까지 할 수 있죠?
나 : 아니요. _____ 너무 힘들어요. 도와줄 사람이 필요해요.

3 가 : 민수 씨 부모님은 어떤 분이세요?
나 : _____ 정직한 분이세요.

4 가 : 유키 씨, 어제 최신 휴대전화 샀어요? 사고 싶다고 했잖아요.
나 : 아니요. _____ 못 샀어요.

5 가 : 우리 반 반장은 _____ 공부도 열심히 해요.
　 나 : 맞아요. 그래서 우리 반 친구들이 좋아하는 것 같아요.

6 가 : 미나꼬 씨, 혹시 민수 씨 봤어요?
　 나 : 네, 조금 전에 학교 식당에서 친구하고 _____

7 가 : 이 정도면 괜찮은 집이에요. 가격도 싸고 전망도 좋잖아요.
　 나 : 그런데 우리 가족이 모두 _____ 집이 좀 작네요.
　　　좀 더 큰 집은 없어요?

활동

말하기

1 여러분은 시간이 있을 때 어떤 문화생활을 즐깁니까?

☐ 영화 ☐ 연극 ☐ 콘서트 ☐ 음악회 ☐ 뮤지컬 ☐ 기타

2 좋아하는 배우 또는 가수가 있습니까? 왜 좋아하는지 친구에게 이야기해 보세요.

이름	좋아하는 배우/가수	이유
	이영해	이영해는 예쁜데다가 연기도 잘해요.

3 가장 기억에 남는 영화를 친구들에게 소개해 보세요.

① 영화 제목이 뭐예요?

② 어떤 종류의 영화예요?

③ 영화배우는 누가 나옵니까?

④ 왜 그 영화를 보게 되었어요?

⑤ 영화를 본 후 어떤 느낌을 받았어요?

4 2명씩 짝을 지어 기억에 남는 공연 혹은 영화의 한 장면을 재연해 보세요.

듣기

【1~2】 다음 대화에 이어질 말로 알맞지 않은 답을 고르세요.

1.
① 응. 정말 멋진 콘서트였어.
② 요즘 너무 바빠서 못 봤어.
③ 아직 못 봤는데 같이 보러 갈까?
④ 당연하지, 하도 재미있어서 두 번이나 봤어.

2.
① 나도 신문에서 봤어.
② 내 생각에 그 가수는 연기도 잘 할 것 같아.
③ 영화에 출연하기에는 연기력이 떨어질 텐데…….
④ 나도 그렇게 생각해. 하도 인기가 많아서 그럴 거야.

【3~4】 다음 대화를 잘 듣고 질문에 알맞은 답을 고르세요.

3. 두 사람이 보려고 하는 영화는 어느 것입니까?

①  ②  ③  ④

4. 잘 듣고 대화의 내용과 다른 것을 찾으세요.
① 요즘 젊은 사람들은 트로트도 좋아한다.
② 요즘 새롭게 유행하는 음악 중에 리메이크 곡들이 많다.
③ 다양한 음악이 나오는 만큼 음반 시장도 활기를 찾고 있다.
④ 가수들은 자신의 콘서트를 열기 위해서 열심히 노력하고 있다.

활동

[5~7] 다음 대화를 잘 듣고 질문에 답하세요.

5 두 사람이 보고 싶어 하는 것은 무엇입니까? (　　　　　)

6 여자는 '조민수'를 왜 좋아합니까? 이유를 고르세요.
① 조민수가 나오는 영화는 모두 흥행한다.
② 조민수는 연기도 잘하고 노래도 잘한다.
③ 조민수는 지난번에 남우주연상을 받았다.
④ 조민수는 멋있고 잘생겨서 인기가 많다.

7 다음 표를 보고 빈칸에 알맞은 말을 쓰세요.

지킬 박사

- 출연 : 조민수, 하정미 등
- 공연시간 : 토요일, _____, 각각 _____, 7시
- 장소 : _____
- 관람료 : 특별석 80,000원
　　　　　일반석 50,000원

＊공연이 시작되면 들어가실 수 없습니다.

제 10과 주거

1. 자신이 찾는 집에 대해 이야기하기
2. 다양한 집의 종류를 알고 비교하기

🎧 듣기
1. 마이클은 내일 무엇을 할 겁니까?
2. 민수는 왜 기숙사에서 나오려고 합니까?

대화 ❶

(유키가 지금 하숙집을 찾고 있다.)

유키   여보세요? 하숙생을 구한다고 하길래 전화를 드렸어요.
주인   네. 어떻게 알고 전화하셨어요?
유키   학교 게시판에서 하숙생을 구한다는 광고를 봤어요.
주인   그렇군요. 혹시 외국 사람이에요?
유키   네, 저는 부산외국어대학교 일본 유학생이에요.
주인   학교 게시판에서 광고 보셨으면 하숙비가 얼마인지 아시겠네요?
유키   네. 그런데 좀 비싼 것 같아요. 더 싸게 안 될까요?
주인   저희 하숙집은 새로 지은 아파트라서 조금 비싸요. 그렇지만 일반 주택에 비해 편리하고 깨끗해요. 또 아침과 저녁을 제공하는데다가 청소도 해주거든요.
유키   괜찮네요. 그럼 일단 한번 가 볼게요.

| 하숙생 |
| 구하다 |
| 게시판 |
| 하숙비 |
| 짓다 |
| 주택 |
| 제공하다 |
| 일단 |

주요 문형

- –길래
- –에 비해

유용한 표현

- 하숙생을 구한다고 하길래 전화를 드렸어요.
- 조금 더 싸게 안 될까요?
- 주택에 비해 편리하고 깨끗해요.
- 아침과 저녁을 제공하는데다가 청소도 해주거든요.
- 일단 한 번 가 볼게요.

발음

- 하숙생 [하숙쌩]
- 편리 [펼리]

대화 연습

연습 ① 〈보기〉의 대화를 보고 내용을 바꾸어 이야기해 봅시다.

[방 2개에 부엌이 있는 집, 넓다, 조용하다, 월세]

가 여보세요? 해운대 부동산입니다.
나 방 2개에 부엌이 있는 집을 찾고 있어요. 혹시 있어요?
가 네, 손님이 찾으시는 집이 있어요.
  아주 넓고 다른 집에 비해 조용해요.
나 월세로 하면 얼마예요?
가 보증금 1,000만 원에 월 40만 원씩이에요.
나 그럼, 조금 후에 방을 보러 갈게요.

1 [학교에서 가까운 원룸, 깨끗하다, 싸다, 월세]

2 [32평짜리 아파트, 전망이 좋다, 편리하다, 전세]

대화 ❶

(민수가 마이클과 함께 자취할 집을 계약하러 간다.)

민수   계약하러 가서 월세 깎아 달라고 한 번 더 얘기하자.
마이클 이야기하나 마나예요. 어제도 안 된다고 했다면서요.
민수   그래도 다시 한 번 얘기해 보자.

(계약하려는 집에서)

민수   안녕하세요? 계약하려고 왔어요.
주인   아! 어제 왔던 학생이네. 어서 와요.
      이 친구가 같이 살 친구예요?
민수   네, 저랑 가장 친한 후배예요.
      마이클, 아주머니께 인사 드려.
마이클 안녕하세요? 처음 뵙겠습니다. 잘 부탁드립니다.
주인   내가 어제 저녁에 생각을 많이 했는데, 아무리 생각해도 25만 원은 안 되겠어요.
민수   그렇지만 보증금 300만 원에 월세 30만 원은 너무 비싸요. 집이 조용하고 깨끗해서 마음에 드는데 25만 원에 계약해 주시면 안 될까요?

| 계약하다 |
| 월세 |
| 보증금 |
| 이하 |
| 계약서 |
| 서명하다 (사인하다) |
| 보관하다 |
| 따르다 |

대화 ❷

주인	보증금은 깎더라도 월세는 깎아 주기 힘들어요.
마이클	미국에서 한국까지 와서 힘들게 공부하고 있어요. 조금만 깎아 주세요. 네?
주인	좋아요. 학생들이니까 내가 특별히 깎아 줄게. 여기 계약서에 서명하고 계약서는 잘 보관해 놓으세요.
민수	아주머니, 정말 감사합니다. 앞으로 어머니처럼 잘 따를게요.

주요 문형

• –(으)나 마나 • –더라도

유용한 표현

- 이야기하나 마나야.
- 25만 원에 계약해 주시면 안 될까요?
- 보증금은 깎더라도 월세는 깎아 주기 힘들어요.
- 학생들이니까 특별히 깎아 줄게.
- 계약서에 서명하고 계약서는 잘 보관해 놓으세요.
- 앞으로 어머니처럼 잘 따를게요.

발음

- 계약서 [계약써]
- 계약하려고 [계야카려고]
- 월세 [월쎄]

대화 연습

연습 ❶ 〈보기〉와 같이 이야기해 봅시다.

[계약금 500만 원, 전셋집, 주인이 급하게 해외에 나가다]

가   계약 하려고 왔어요.

나   계약서는 가지고 오셨어요?

가   네, 여기 있습니다. 그리고 계약금 500만 원도 가지고 왔어요.

나   정말 계약 잘 하시는 거예요. 요즘 이렇게 싼 전셋집이 없어요.

가   그런 것 같아요. 그런데 왜 이렇게 싸요?

나   주인이 급하게 해외에 나가게 되어서 싸게 나온 거예요.
    자, 여기 계약서 사본입니다. 잘 보관해 놓으세요.

1   [보증금 300만 원, 월셋방, 학교 근처이다]

2   [보증금 300만 원, 원룸, 주변 교통이 조금 불편하다]

연습 ❷ 민수는 공부를 <u>하나 안 하나</u> 시험 점수가 항상 같습니다. 여러분도 무엇을 하나 안 하나 그 결과가 같은 적이 있습니까?

[보기] 저는 잠을 <u>일찍 자나 늦게 자나</u> 항상 지각을 해요.

나	
친구1( )	
친구2( )	
친구3( )	

어휘 및 문형

어휘

집의 종류

원룸　　　　　아파트　　　　　빌라

별장　　　　　전원주택　　　　(일반)주택

집의 구조

- 마당　현관　방　거실　서재　부엌(주방)　욕실(화장실)　베란다

집 구하기

- 집을 사다   집을 빌리다   부동산 중개인   전세   월세   전세금
- 보증금   보증인   계약하다   계약금   계약서

어휘 및 문형

문형

-길래

- 이 시계가 좋아 보이길래 하나 사 왔어.
- 친구가 한국어를 잘 하길래 도와 달라고 했어.
- 아까 화가 나길래 큰 소리로 말을 했어. 미안해.

-에 비해

- 민수는 수미에 비해 한국어를 잘 해.
- 그 집은 값에 비해 편리하지 않아요.
- 이 책은 많이 팔린 것에 비해 내용은 별로 좋지 않은 책이에요.

-(으)나 -(으)나

- 가 : 요즘 왜 이렇게 공부가 하기 싫지?
  나 : 하지만 지금은 싫으나 좋으나 공부를 해야 해.

- 가 : 있잖아, 그 가수 노래는 어때?
  나 : 그 가수 노래는 들으나 마나 좋은 노래가 없을 거야.

- 가 : 이 책을 빌려줄까?
  나 : 그 책은 단어가 어려운 책이잖아.
  지금 사전이 없으니까 빌려주나 마나야.

-더라도

- 힘들더라도 포기하면 안 돼요.
- 비가 오더라도 등산을 갈 거예요.
- 영희는 실패하더라도 기죽지 않고 또 도전하더라.

확인 학습

✱ 주어진 문형을 사용하여 문장을 완성하세요.

- –길래
- –(으)나 –(으)나
- –에 비해
- –더라도

1   가 : 지금 읽고 있는 책은 어때?

　　　나 : _____ 재미는 없지만 좋은 내용이 많아서 추천해 주고 싶어.

2   가 : 어제 알아본 집에 같이 가볼까?

　　　나 : 아니, _____ 전화해 보니까 너무 비싸던데.

3   가 : 이번에도 제주도에 가니?

　　　나 : 응, 지난번에 갔을 때 _____ 또 가고 싶어서.

4   가 : 바나나 좀 먹어 봐.

　　　나 : 웬 바나나야? 학교 오면서 사 왔어?

　　　가 : 아니, 집에 몇 개 _____ 가지고 왔어.

5   가 : 왕영은 말이 많은 편이야?

　　　나 : 아니, _____ 말이 별로 없는 편이야.

6 가 : 오늘부터 백화점 세일한다던데 같이 가볼래?
   나 : 오늘 [   ] 사람들이 많아서 물건을 제대로 고를 수가 없을 거야.

7 가 : 우리 교수님께 성적 좀 올려 달라고 할까?
   나 : [   ] 안 될 거야. 그 교수님 정말 엄격하시거든.

8 가 : 리포트가 너무 많아서 피곤해 죽겠어. 그냥 자고 싶어.
   나 : 아무리 [   ] 할 일은 다 하고 자야지.

활동

말하기

1 여러 가지 집의 장·단점을 〈보기〉와 같이 비교하여 이야기해 보세요.

	아파트	주택	원룸
장점	편리하다		
단점		조금 불편하다	

가 : 아파트는 주택<u>에 비해</u> 조금 더 편리한 것 같아요.

나 : 하지만 아파트는 너무 답답해요. 저는 주택이 더 좋아요.

가 : _____

_____

_____

2 과거와 현재의 주거환경과 생활은 어떻게 다릅니까? 친구와 함께 이야기해 봅시다.

과거	현재

활동

3 집을 구하고 싶은데 어떤 집에서 살고 싶습니까? 집주인과 이야기해 보고 자신에게 맞는 조건의 집을 찾아봅시다.

학생1
- 종류 : 자취방
- 보증금 : 200만 원
- 조건 : 학교 근처, 방과 부엌

학생2
- 종류 : 하숙집이나 월세
- 보증금 : 없음
- 조건 : 월 35만 원, 식사 제공

학생3
- 종류 : 월세(원룸)
- 보증금 : 300만 원
- 조건 : 월 25만 원
  전자제품 준비된 집

학생4
- 종류 : 전세방
- 전세금 : 1,000만 원
- 조건 : 방 2칸, 욕실, 부엌
  주택이나 빌라

주인1
- 하숙생 구함
- 보증금 : 없음
- 조건 : 학교 근처, 방과 부엌

주인2
- 종류 : 전세방
- 전세금 : 1,500만 원
- 조건 : 방 2칸, 욕실, 부엌
  단독 주택

주인3
- 종류 : 월세
- 보증금 : 350만 원
- 조건 : 월 25만 원
  전자제품 준비된 집

주인4
- 종류 : 전세방
- 보증금 : 300만 원, 월 20만 원
- 조건 : 방 1칸, 욕실, 부엌
  학교 근처의 주택

듣기

【1~2】 다음 대화에 이어질 알맞은 답을 고르세요.

1.
① 응, 기숙사에 비해 편하고 좋아.
② 조금 더 싸고 좋은 집이 없을까?
③ 글쎄, 보나 마나 마찬가지일 거야.
④ 다음 주에 새 집을 알아보려고 해.

2.
① 2명이 같이 살 건데요.
② 아무래도 비쌀 것 같아요.
③ 얼마나 비싸길래 그러세요?
④ 다른 집보다 좋은 것 같아요.

【3~4】 다음 대화를 잘 듣고 질문에 알맞은 답을 고르세요.

3. 두 사람은 무엇에 대해 이야기를 하고 있습니까?
① 취직 후 계획
② 한국 전체의 면적
③ 한국 직장인들의 생활
④ 한국인들이 집을 사려는 이유

활동

4 다음 중 들은 내용과 <u>다른</u> 것은 무엇입니까?

① 여자는 집을 사기 위해 열심히 저축하고 있다.

② 남자는 전셋집에서 사는 것도 괜찮다고 생각한다.

③ 한국에서 계속 살고 싶으면 꼭 내 집이 있어야 한다.

④ 서울에서 집을 사려면 8년 간 한 푼도 안 쓰고 모아야 한다.

【5~6】 다음 대화를 잘 듣고 질문에 알맞은 답을 고르세요.

5 여자는 어떤 집을 구하고 싶습니까?

6 들은 내용과 같으면 O, 다르면 × 하세요.

① 두 사람은 오늘 오후에 집을 구하려고 한다. (   )

② 여자는 한국어를 잘 못하기 때문에 선배에게 부탁한다. (   )

③ 보증금은 300만 원에 월세는 15만 원~25만 원으로 예상한다. (   )

④ 원룸은 일반 주택과 비슷하기 때문에 찾아보지 않아도 된다. (   )

제 11 과 정보

1. 여러 가지 방법을 통해 정보 얻기
2. 다른 사람에게 정보 전해 주기

🎧 듣기
1. 유키는 무슨 소식을 들었습니까?
2. 마이클과 유키는 지금 기분이 어떻습니까?

대화 ❶

민수	진진아, 급하게 어디에 가니?
진진	민수 선배! 지금 선배 만나러 가는 길이에요.
민수	왜? 무슨 일 있어?
진진	학교에서 다음 학기에 프랑스로 갈 교환학생을 뽑는대요. 이번이 처음이기 때문에 학생들이 벌써 많이 신청했대요.
민수	정말이야? 신청기간이 언제까지래?
진진	내일까지래요. 교수님께서 빨리 신청하래요.
민수	뭐? 내일까지? 큰일이네. 서류도 준비해야 하고 자기소개서도 써야 할 텐데 내일까지 준비할 수 있을까?
진진	도와줄 테니까 너무 걱정하지 마세요.
민수	고마워. 그런데 뭘 준비해야 한대?
진진	자기소개서, 성적 증명서, 교수 추천서, 주민등록등본을 준비해야 한대요.

급하다
교환학생
신청기간
서류
자기소개서
성적증명서
교수추천서
주민등록등본

주요 문형

- -ㄴ/는/대(요)
- -(이)래(요)
- -(으)래(요)

유용한 표현

- 너 만나러 가는 길이야.
- 프랑스로 갈 교환학생을 뽑는대.
- 신청기간이 언제까지래?
- 뭘 준비해야 한대?

발음

- 급하게 [그파게]
- 학기 [학끼]
- 교환학생 [교환학쌩]

대화 연습

연습 ❶ 주어진 정보를 보고 〈보기〉와 같이 친구와 대화를 만들어 보세요.

[내일 시험이 취소되었음 / 모레 아침 10시에 시험을 치기로 하였음]

가 너 시험공부 다 했니?

나 아직 시간이 있으니까 내일 좀 더 볼 거야.

가 무슨 소리야? 내일 시험이 있잖아.

나 너 아직 모르니? <u>내일 시험이 취소되었대.</u>
　　아침에 문자메시지 왔었어.

가 나는 못 받았어. 그럼 언제 시험을 친대?

나 <u>모레 아침 10시에 시험을 치기로 했대.</u>

1 동아리 MT가 3일 후로 미뤄졌음 / 동아리 회장은 못 가고 부회장만 감

2 내일 한국어 말하기 수업은 휴강임 / 선생님께서 병원에 입원하셨음

대화 ❷

후배	선배, 이번에 한국전자에서 신입사원을 많이 모집한다면서요? 선배도 지원하지 그래요?
왕호	누가 그래?
후배	어제 취업정보센터에서 들었어요. 한국전자의 매출이 늘어나서 이번에 채용 인원을 늘린대요.
왕호	그렇구나. 4학년이라서 취직 걱정이 많았는데 다행이다. 그런데 언제부터 모집한대?
후배	다음 달 1일부터 15일까지 원서접수를 받는대요.
왕호	토익이나 토플점수가 몇 점 이상이면 합격할 수 있대?
후배	인터넷으로 알아봤는데 토익이 900점 이상이라도 떨어질 수 있대요.
왕호	나는 토익점수가 800점밖에 안 되는데 어떡하지?
후배	선배는 한국어능력시험 5급을 받았으니까 괜찮을 거예요. 아! 그리고 민수 선배가 같이 지원하재요.
왕호	그렇구나! 너도 지원할 거지?
후배	당연하죠. 우리 같이 준비해요.

신입사원
모집
지원하다
매출
채용
인원
늘리다
취직
다행
원서
접수
합격하다
토익
토플

주요 문형

• -ㄴ/는다면서(요) • -지 그래요(?) • -재(요)

대화 ❷

유용한 표현

- 신입사원을 많이 모집한다면서요?
- 선배도 지원하지 그래요?
- 이번에 채용인원을 늘린대요.
- 몇 점 이상이면 합격할 수 있대?

발음

- 신입사원 [시닙싸원]
- 어떻게 [어떠케]
- 몰랐어요 [몰라써요]

대화 연습

연습 ❶ 다음의 상황에서 여러분은 친구에게 어떤 이야기를 해 주겠습니까?
'-지 그래요(?)'를 사용하여 이야기해 보세요.

이름			
어떻게 하면 한국어를 더 잘 할 수 있을까요?			
잠이 안 올 때 어떻게 하면 될까요?			
나는 그 사람을 좋아하는데 그 사람은 나를 좋아하지 않아요.			
취직 시험을 준비해야 해요. 하지만 무엇을 준비해야 할지 모르겠어요.			
싸고 디자인이 예쁜 옷을 사고 싶어요.			
지하철에서 지갑을 잃어버렸어요. 어떻게 하면 좋을까요?			
열심히 운동을 했지만 살이 빠지지 않아요.			

어휘 및 문형

어휘

정보 구하기

- 신문 (기사, 광고, 스크랩하다, 스포츠면, 경제면, 정치면)
- 라디오, 텔레비전 (시사프로그램, 교양프로그램, 오락프로그램)
- 인터넷 (검색 사이트, 홈페이지, 게시판, 게시물)

문형

-ㄴ/는대(요)

- 가 : 오늘 한국어 회화 수업이 없대요.
  나 : 정말이에요? 누구한테서 들었어요?

- 가 : 저 영화 아주 재미있대.
  나 : 난 저 영화 재미없던데.

- 가 : 내일 저녁에 축구시합을 한대.
  나 : 정말? 몇 시에 한대?

-(이)래(요)

- 가 : 저 사람은 누구야?
  나 : 이번에 새로 오신 한국어 선생님이래.

- 가 : 그 책 제목이 뭐래요?
  나 : 글쎄요, 들었는데 잊어버렸어요.

- 가 : 그거 선생님 펜이래요?
  나 : 네, 선생님 거래요.

어휘 및 문형

-(으)래(요)

- 가 : 내일 몇 시까지 <u>오래요</u>?
  나 : 아침 6시까지 학교 정문 앞으로 <u>오래요</u>.

- 가 : 무슨 일 있어?
  나 : 선생님께서 오늘 저녁까지 과제를 다 <u>하래</u>.

- 가: 그 책을 오늘 다 읽을 거야?
  나: 응, 언니가 오늘까지 다 읽고 내일 돌려 <u>달래</u>.

-ㄴ/는다면서(요)

- 가 : 너 오늘이 생<u>일이라면서</u>?
  나 : 응, 어떻게 알았어?

- 가 : 저 가게 감자탕이 <u>맛있다면서요</u>?
  나 : 네, 지난번에 가 봤는데 사람들도 정말 많더라고요.

- 가 : 저 학생이 우리 학교에서 한국어를 제일 잘 <u>한다면서</u>?
  나 : 응, 우리 반인데 한국어를 정말 잘 해.

-지 그래(요)?

- 가 : 피곤하면 집에 가서 쉬<u>지 그래요</u>?
  나 : 네, 그렇게 해야겠어요.

- 가 : 머리가 많이 아프면 약을 좀 먹<u>지 그래</u>? 내가 사 줄까?
  나 : 아니, 괜찮아. 아까 약 먹었어.

- 가 : 지금 시간이 별로 없는데 빨리 <u>서두르지 그래</u>.
  나 : 미안해. 지금 빨리 준비할게.

-재(요)

- 가 : 민수가 오늘 영화 보러 <u>가재</u>.
  나 : 안 돼. 나 오늘 숙제가 많아서 못 가.

- 가 : 선생님, 우리 반 친구들이 소풍가<u>재요</u>.
  나 : 좋아요. 언제 가는 것이 좋을까요?

- 가 : 유키, 마이클이 같이 점심 <u>먹재</u>.
  나 : 그래? 마이클은 지금 어디에 있어?

확인 학습

✱ 주어진 표현을 사용하여 〈보기〉와 같이 고쳐 보세요.

- -ㄴ/는대(요)
- -(이)래(요)
- -(으)래(요)
- -ㄴ/는다면서(요)
- -지 그래(요)?
- -재(요)

보기

선생님, 왕호가 오늘 아파서 수업에 못 <u>온다고 해요.</u>

→ 선생님, 왕호가 오늘 아파서 수업에 못 <u>온대요.</u>

1 오늘 뉴스에 우리 반 유키가 인터뷰 <u>한다고 해요.</u>

→

2 오늘이 민수 생일<u>이라고 해.</u>

→

3 요즘 기숙사비가 <u>올랐다던데.</u> 정말이야?

→

4 수미야, 이것 좀 <u>먹어 봐.</u> 맛있는데.

→

5 유정이가 오늘 저녁에 술 한 잔 하자고 해.
   →

6 민수야, 조금 있으면 시험인데 공부해.
   →

7 저 분이 우리 학교 총장님이라고 들었어.
   →

8 내일까지 과제를 다 하라고 해.
   →

9 왕호 선배가 다음 달에 결혼한다던데, 진짜야?
   →

활동

말하기

■ 주어진 정보를 보고 친구에게 전해 주세요.

1

〈공 고〉

신한 전기에서 직원을 모집함.
* 지원기간: 6월 7일 ~ 6월 18일
* 1차 합격자 발표: 6월 20일. 17:00
* 면접: 6월 25일. 14:00
* 2차 합격자 발표: 6월 30일. 17:00

보기

가: 신한전기에서 직원을 모집한대.

나: 지원기간이 언제래?

가: 6월 7일부터 6월 18일까지 지원을 할 수 있대.

나: 합격자는 언제 발표한대?

가: 1차는 6월 20일에 하고 2차 발표는 6월 30일이래.

나: 면접도 있대?

가: 응. 1차에 합격한 사람은 6월 25일 오후 2시에 면접을 본대.

2

〈수영 강습생 모집〉

수영을 좋아하지만 잘 못하시는 분들을 위해 광안 수영장에서는 수영 강습생을 모집합니다. 관심 있는 분들의 많은 신청 부탁드립니다.

* 장소: 광안수영장(지하철 광안역 3번 출구)
* 시간: 오전 6시 ~ 오전 8시
* 강습비: 55,000원 (한 달)
* 전화번호: 051) 751-2720

가: 광안 수영장에서 수영 강습생을 모집한대.
나: 정말? 몇 시에 가면 배울 수 있대?
가: 시간은 _____
나: _____
가: _____
나: _____

활동

3

〈휴강공고〉

5월 12일 개교기념일 행사로 인해 다음 수업을 휴강합니다.
＊휴강 과목: 한국어 회화 중급
　　　　　　한국어 작문 중급
위 수업은 1학기 16주에 보강하기로 함.

가 : _____
나 : _____
가 : _____
나 : _____

4

〈지갑을 찾습니다〉

지갑을 찾습니다!
빨간색의 중지갑입니다.
10월 30일 부산외대 어학관 3층 여자 화장실에서 분실하였습니다.
보신 분은 아래의 연락처로 꼭 연락해 주시기 바랍니다.
＊연락처 : 016-844-2728

가 : _____
나 : _____
가 : _____
나 : _____

5

민수 씨에게

* 내용 : 5월 18일(금)에 중급반 학생들 모두 1박 2일로 현장학습을 갈 예정임.
* 교통편 : 학교버스로 이동
* 모이는 시간 : 오전 9시
* 모이는 장소 : 도서관 앞
* 준비물 : 간단한 옷과 세면도구. 식사는 학교에서 준비할 것임.
  자세한 내용은 학생회 사무실로 연락 바람.
  학생회 사무실 : 051- 640-3633

가 : _____
나 : _____
가 : _____
나 : _____

■ 여러분은 무엇을 통해 정보를 얻습니까? 최근 알게 된 소식을 친구들에게 이야기해 보세요.

가 : 장동헌이 다음 달에 결혼한다면서?
나 : 진짜야? 누구랑 결혼한대?
가 : 5살 연하의 대학원생과 결혼한대.
나 : _____
_____
_____

활동

듣기

【1~2】 다음 대화에 이어질 알맞은 답을 고르세요.

1.
① 나도 치려고 했는데 잘 됐네.
② 너 한국어 시험 준비한다면서?
③ 너도 이번에 한번 쳐보는 게 어때?
④ 마이클은 한국어 능력시험 준비하잖아.

2.
① 한 번 지원해 보지 그래?
② 신문을 봐도 좋을 거야.
③ 미안해. 난 본 적이 없어.
④ 요즘 아르바이트하는 학생이 많지?

3. 다음 내용을 듣고 '이것'이 무엇인지 고르세요.
① 텔레비전   ② 신문   ③ 라디오   ④ 인터넷

【4~6】다음 대화를 잘 듣고 질문에 알맞은 답을 고르세요.

4 무엇에 관한 뉴스입니까?

① 문화 ② 경제 ③ 정치 ④ 스포츠

5 들은 내용과 <u>다른</u> 것을 고르세요.

① 전도연이 주연한 밀양의 감독은 이창동이다.

② 전도연은 24일 시사회에서 상을 받게 되었다.

③ 심사위원들은 전도연의 연기를 높이 평가했다.

④ 베니스 영화제에서 강수연이 20년 전에 상을 받은 적이 있다.

6 영화배우 전도연은 프랑스 '칸 영화제'에서 (　　　　)을/를 받았다.

벼룩시장

   벼룩시장이란 원래 중고품을 파는 만물(萬物) 노천시장을 말하는 것으로 다양한 물건들을 파는 시장이다. 하지만 한국에서 벼룩시장은 벼룩시장의 원래 뜻 외의 다른 의미로도 사용되고 있다. 길을 가다보면 한국 사람들의 이런 대화를 들을 수 있다.

   가 : 아르바이트를 구하기가 쉽지 않네.
   나 : 벼룩시장 읽어 봤어? 지난번에 보니까 괜찮은 아르바이트 정보가 많이 있던데…….
   가 : 아! 아직 벼룩시장을 안 봤네. 어서 가서 읽어 봐야겠다.

   위의 대화를 들으면 벼룩시장이 그냥 시장이 아니라는 것은 다 알 것이다.
   벼룩시장이란 한국의 유명한 생활 정보 신문으로 일반 신문과 다르게 구인구직, 부동산, 자동차 구매 등 일상생활 정보들이 들어 있는 생활 정보 신문이다.
   한국 사람들은 일자리를 찾고 싶거나 집을 사고 싶을 때 또는 사람을 찾고 싶을 때에도 벼룩시장을 자주 이용한다.
   벼룩시장은 보통 지하철역이나 버스 정류장 근처에서 쉽게 구할 수 있는데 최근에는 인터넷 벼룩시장이 있어서 더 많은 정보를 빠른 시간 내에 찾을 수 있다.

제 12과 초대와 방문

1. 한국인의 초대와 방문 예절 이해하기
2. 초대와 방문에 대한 표현 익히기

듣기
1. 내일 두 사람은 어디에 갑니까?
2. 여러분은 초대를 받아본 적이 있습니까? 언제입니까?

대화 ❶

민수 왕호야! 이번 주 토요일에 시간 있니?
왕호 응. 무슨 일이야?
민수 다른 게 아니라, 이번 주 토요일에 집들이를 하려고 해.
왕호 이사했다는 소식은 들었어. 정말 축하해! 집은 어때?
민수 좋아. 깨끗하고 아담한 집이야. 어제까지 짐 정리하고 집 청소하느라고 정말 바빴어.
왕호 그랬구나. 집들이는 몇 시에 할 거야?
민수 저녁 7시에 하려고 해. 나랑 마이클이 맛있는 음식 많이 준비할 테니까 꼭 와 줘.
왕호 초대해 줘서 정말 고마워. 그런데 어떡하지? 그 날 오후에 아르바이트가 있어서 갈 수 있을지 모르겠어. 나 대신 일 할 사람을 구하면 꼭 갈게.

| 집들이 |
| 소식 |
| 아담하다 |
| 짐 |
| 초대 |
| 대신 |

주요 문형

- -다른 게 아니라
- -(으)ㄴ/는/대신에

유용한 표현

- 다른 게 아니라, 이번 주 토요일에 집들이를 하려고 해.
- 맛있는 음식 많이 준비할 테니까 꼭 와 줘.
- 나 대신 일 할 사람을 구하면 꼭 갈게.

발음

- 집들이 [집뜨리]
- 깨끗하고 [깨끄타고]

대화 연습

연습 ❶ 〈보기〉의 대화를 보고 내용을 바꾸어 이야기해 봅시다.

[내일, 내 생일, 생일파티, 맛있는 음식, 먹다, 생일선물]

가 혹시 내일 시간 있어?

나 응. 시간 있어. 무슨 일이야?

가 사실은 내일이 내 생일이거든. 생일파티에 초대하고 싶은데 올 수 있어?

나 당연하지. 네가 초대하는데 시간이 없어도 가야지.

가 정말 고마워. 맛있는 음식이 많이 있을 테니까 와서 먹고 가.

나 응. 알겠어. 그런데 생일선물로 뭐 받고 싶어?

가 선물 없어도 괜찮아. 그냥 와.

1 [다음 주, 아들의 돌, 돌잔치, 다른 친구들, 만나다, 아들 돌 선물]

2 [다음 달 15일, 결혼식, 결혼식 피로연, 재미있는 이벤트, 보다, 결혼선물]

연습 ❷ '다른 게 아니라'를 사용해서 다음 질문에 답해 보세요.

1 무슨 일로 전화하셨어요?

2 무슨 일이세요?

3 왜 동아리 모꼬지(MT)에 같이 안 가요?

4 왜 어제 술 마시러 안 왔어요?

5 뭐 때문에 계속 웃고 있어요?

6 뭐 때문에 화가 났어요?

7 무슨 고민 있어요?

대화 ❷

왕호	유키야, 마이클 집들이 갈 때 어떤 선물을 사는 게 좋을까?
유키	어제 한국 친구한테 들었는데 예전부터 한국 사람들은 보통 집들이 선물로 세제나 비누, 휴지 등의 생활용품을 산대요.
왕호	그런 선물들이 무슨 특별한 뜻을 가지고 있는 거래?
유키	응. 세제는 빨래할 때 거품이 많이 나잖아요. 그래서 거품처럼 돈이 많아져서 부자가 되라는 뜻이래요.
왕호	그렇구나. 재미있다. 그럼, 우리도 세제나 비누를 살까?
유키	그것도 좋은데 최근에는 그냥 친구 집에 필요한 물건을 사는 경우도 많대요. 내가 보기에도 필요한 물건을 받아야 더 실용적일 것 같아요.
왕호	맞아. 아 참! 어제 마이클한테 들었는데 컵을 씻다가 떨어뜨려서 깼대.
유키	그래요? 잘됐네요. 그럼, 우리 예쁜 컵을 사요.
왕호	좋아. 그럼 오후에 수업 마치고 같이 가자.

어휘: 세제, 생활용품, 특별하다, 뜻, 거품, 나다, 부자, 최근, 경우, 떨어뜨리다, 깨지다

주요 문형

• -아/어/여야   • -았/었/였다가

유용한 표현

- 집들이 갈 때 어떤 선물을 사는 게 좋을까?
- 거품처럼 돈이 많아져서 부자가 되라는 뜻이래.
- 필요한 물건을 받아야 더 실용적일 것 같아.
- 그래? 잘됐다.

발음

- 특별한 [특뼐한]
- 떨어뜨려서 [떠러뜨려서]

대화 연습

연습 ① 초대를 받았습니다. 어떤 선물이 좋을지 친구와 의논해 보세요.

[선생님 아기의 돌잔치]

가 내일이 선생님 아기의 돌잔치라는데 무슨 선물을 사는 게 좋을까?
나 글쎄, 뭐가 좋을까? 음……. 남자 아기니까 장난감 자동차는 어때?
가 1살인데 장난감 자동차가 필요할까?
나 그럼, 돌 반지는 어때?
　　한국에서는 돌 때 보통 돌 반지를 선물한대.
가 _____
나 _____
가 _____
나 _____

1 친구 커플의 1년 기념일 파티

2 친구 할아버지의 환갑잔치

3 선배의 결혼식

어휘 및 문형

어휘

초대와 방문

- 초대한 사람의 표현

  먼 길 오시느라 고생하셨어요.

  바쁘신데 와주셔서 감사합니다.

  차린 건 없지만 많이 드세요.

- 방문한 사람의 표현

  축하합니다. 백년해로 하세요.

  두 분이 행복하게 사세요.

  앞으로 더 건강하시길 바랍니다.

  축하드립니다. 사업이 번창하시길 바랍니다.

어휘 및 문형

문형

-(으)ㄴ/는 대신(에)

- 오늘은 수업이 없는 대신 문화체험을 합니다.
- 나는 감기에 걸리면 약을 먹는 대신 운동을 해요.
- 아침에 밥을 먹는 대신에 빵과 우유를 먹어요.

-아/어/여야

- 이 약을 먹어야 나을 수 있어요.
- 이렇게 운동을 많이 해야 살이 빠지거든.
- 매운 음식을 잘 먹을 수 있어야 한국음식에 적응하기가 쉬워요.

-았/었/였다가

- 창문을 열었다가 바람이 많이 불어서 닫았어요.
- 요가를 시작했다가 힘들어서 그만 두었어요.
- 민수 씨, 많이 피곤하면 쉬었다가 공부하세요.

확인 학습

✱ 주어진 표현을 사용하여 문장을 완성하세요.

- –(으)ㄴ/는/대신에
- –아/어/여야
- –았/었/였다가

1 가 : 민수야, 왜 다시 학교에 왔어?
　　나 : 교실에 책을 놓고 가서 기숙사에 　　　　　 다시 왔어.

2 가 : 유키 씨, 급한 일이 있으면 오늘 쉬세요.
　　나 : 네, 감사합니다. 오늘 　　　　　 내일 더 열심히 일을 하겠습니다.

3 가 : 왜 이렇게 늦었어?
　　나 : 51번 버스를 타야 하는데 68번 버스를 　　　　　 내려서 다시 갈아탔어.

4 가 : 왜 차를 안 타고 걸어서 가?
　　나 : 많이 　　　　　 건강에 좋거든.

5 가 : 오늘은 내가 한턱낼테니까 마음대로 주문해.
　　나 : 그럼, 매일 먹는 　　　　　 비싼 음식 시켜도 돼?

활동

6 가 : 선배 결혼선물은 어떡하지? 돈이 없어서 못 사겠어.

나 : 선물을 　　　　　　 만드는 것이 어떨까?

가 : 그거 좋은 생각이야.

7 가 : 왜 그렇게 열심히 준비해요?

나 : 열심히 　　　　　　 1등을 할 수 있거든요.

말하기

1 각 나라에서는 여러 가지 초대에 어떤 선물을 하는지, 그 이유는 무엇인지 이야기해 보세요.

	집들이	생일잔치	결혼식	환갑	돌잔치
한국	세제, 화장지, 비누 등	다양한 선물	축의금 및 선물	건강보조식품, 건강의료기 등	돌반지, 옷, 신발 등
중국					
일본					
베트남					
태국					

활동

2 다음의 상황에서는 어떻게 이야기해야 할까요? 친구와 함께 이야기해 보세요.

가 : 운전을 하다가 교통사고가 나서 입원을 하게 되었습니다.

나 : 선배가 교통사고로 입원을 했습니다. 친구들과 병문안 계획을 세우고 선배한테 찾아가세요.

가 : 오늘은 당신의 61번째 생일입니다. 많은 손님들이 축하하기 위해서 찾아왔습니다.

나 : 한국 친구 할아버지의 61번째 생신입니다. 친구와 같이 할아버지를 축하하러 가게 되었습니다.

가 : 외국인 친구를 초대하게 되었습니다. 가족에게 친구를 소개하고 식사를 대접하세요.

나 : 저는 프랑스에서 온 유학생입니다. 한국 친구의 집에 저녁 초대를 받았습니다. 친구의 가족에게 인사를 하고 함께 식사를 하세요.

듣기

【1~2】 다음 대화에 이어질 알맞은 답을 고르세요.

1.
① 너무 맛있게 잘 먹었어요.
② 네, 앞으로 더 건강하세요.
③ 초대해 주셔서 고마워요. 꼭 갈게요.
④ 축하해요. 두 사람이 행복하게 사세요.

2.
① 오시느라 고생 많으셨지요?
② 축하드려요. 건강하게 자라길 바랄게요.
③ 바쁘신데 와 주셔서 정말 감사드립니다.
④ 벌써 그렇게 되셨어요? 정말 축하드려요.

3. 지금 무엇을 하고 있습니까?
① 결혼식　② 돌잔치　③ 환갑잔치　④ 집들이

활동

【4~5】 다음 대화를 잘 듣고 질문에 알맞은 답을 고르세요.

4 돌잡이 상 위에 놓은 물건을 모두 고르세요.

□ 실 □ 활 □ 공책 □ 돈 □ 연필

5 들은 내용과 <u>다른 것</u>을 고르세요.

① 지금 아기의 돌잡이를 하고 있다.

② 학생들은 아기 선물로 옷을 준비했다.

③ 아기는 돌잡이를 할 때 실을 잡았다.

④ 선생님은 아기가 건강하기를 바란다.

대화 ❶

민수　유키야, 무슨 일 있니? 기분이 안 좋아 보여.
유키　다른 게 아니라 제가 마이클에게 말실수를 한 것 같아요.
민수　말실수? 무슨 일이야? 자세하게 이야기해 봐.
유키　마이클이 얼굴이 좀 검은 편이잖아요. 그래서 장난으로 "마이클, 너 좀 씻고 다녀라!"라고 했거든요.
민수　그랬더니?
유키　그랬더니 얼굴이 홍당무가 되면서 밖으로 나가 버렸어요.
민수　마이클이 당황했나 보네.
　　　마이클은 검은 얼굴에 대한 콤플렉스가 있거든.
유키　정말이에요? 좀 더 생각하고 말할 걸 그랬어요. 어떡하죠? 사과하면 안 받아 줄까봐 걱정이에요.
민수　마이클은 뒤끝이 없어서 금방 풀리는 성격이야. 일단 미안하다고 문자메시지를 보낸 후에 전화해 봐.

| 말실수 |
| 자세하다 |
| 장난 |
| 홍당무 |
| 콤플렉스 |
| 다혈질 |
| 뒤끝(이)없다 |

주요 문형

• -(으)ㄹ 걸 그랬다　• -(으)ㄹ까 봐

유용한 표현

- 말실수를 한 것 같아.
- 얼굴이 홍당무가 되면서 밖으로 나가 버렸어.
- 좀 더 생각하고 말할 걸 그랬어.
- 사과하면 안 받아 줄까봐 걱정이야.

발음

- 검은 편이잖아 [거믄 펴니자나]
- 씻고 [씯꼬]
- 뒤끝이 [뒤끄치]

대화 연습

연습 ❶ '(으)ㄹ까 봐'를 사용해 자신이 가지고 있던 걱정에 대해 이야기해 보세요.

1 친구가 아끼던 컵을 깨뜨렸을 때 어떤 걱정을 했어요?

2 가족이나 자신이 아팠을 때 어떤 걱정을 했어요?

3 대학교에 입학한 후에 어떤 걱정을 했어요?

4 유학을 결심한 후에 어떤 걱정을 했어요?

5 (   )

6 (   )

7 (   )

대화 ❷

왕호	너는 혹시 살면서 후회한 적 있어?
진진	네, 종종 있어요. 후회나 실수를 안 하고 사는 사람은 거의 없는 것 같아요.
민수	맞아. 누구나 살면서 한 번쯤은 후회를 하지. 난 지금까지 살면서 가장 후회되는 일은 중학교 2학년 때야.
왕호	무슨 일이 있었는데?
민수	할아버지께서 암으로 많이 편찮으셨는데 자주 문병을 가지도 않고 매일 친구들과 놀러 다녔어.
진진	그런데 할아버지께서 돌아가셨군요?
민수	응, 얼마 후에 돌아가셨는데 잘 해 드릴 걸 하고 정말 후회했어. 하지만 뒤늦게 후회해 봤자 소용이 없더라.
진진	맞아요. "옆에 있을 때 잘 하라."는 말도 있잖아요.
민수	그래서 부모님께는 효도하려고 많이 노력하고 있어.
진진	저는 중간고사를 못 쳐서 공부 안 한 걸 후회했어요. 조금 더 열심히 공부했어야 했는데…….

종종
혹시
후회하다
실수하다
암
문병
뒤늦다
소용이 없다
효도하다

> **주요 문형**
>
> • -아/어 봤자   • -았/었/였어야 하다

대화 ❷

유용한 표현

- 누구나 살면서 한 번쯤은 후회를 하지요.
- 뒤늦게 후회해 봤자 소용이 없더군요.
- "옆에 있을 때 잘 하라."는 말도 있잖아요.
- 조금 더 열심히 공부했어야 했는데…….

발음

- 한 번쯤은 [한 번쯔믄]
- 편찮으셨는데 [편차느션는데]
- 뒤늦게 [뒤늗께]

대화 연습

연습 ❶ 여러분이 다음과 같은 사람이라면 어떤 후회를 했겠습니까?

[성적이 나쁜 학생]

가 지금까지 살면서 또는 최근에 가장 후회되는 것이 뭐예요?
나 공부를 열심히 안 해서 후회가 돼요.
가 왜 공부를 열심히 안 했어요?
나 아르바이트 하느라고 못 했어요. 아르바이트를 하지 말걸 그랬어요.
가 _____
나 _____

1 감옥에 있는 도둑

2 폐암에 걸린 사람

3 말실수를 한 사람

4 야구를 하다가 이웃집 창문을 깨뜨린 아이

5 친구에게서 빌린 책에 커피를 쏟은 사람

6 사랑하는 연인과 헤어진 사람

어휘 및 문형

표현

실수했을 때

- 어떻게 해요?
- 어떻게 하면 좋을까요?
- 제가 잘못해서(실수해서) ~ 했어요.
- 제가 잘못했어요.
- 실수였어요.
- 고의는 아니었어요.
- 한 번만 봐주세요.

문형

-(으)ㄹ 걸 그랬다

- 가 : 이번에 시험 잘 쳤어?
  나 : 아니, 못 쳤어. 시험공부 좀 할 걸 그랬어.

- 가 : 축구하다가 다리를 다쳤다면서?
  나 : 응, 조심할 걸 그랬어.

- 가 : 지금 기차표를 살 수 없대요.
  나 : 정말? 미리 예매할 걸 그랬어요.

-(으)ㄹ까 봐

- 가 : 왜 그렇게 조금만 먹어요?
  나 : 살 찔까 봐 걱정이 되어서요.

- 가 : 왜 버스를 안 타고 지하철을 타요?
  나 : 차가 막힐까 봐 그래요.

어휘 및 문형

-아/어 봤자

- 가 : 마트에서 오늘만 과일을 아주 싸게 판대요.
  나 : 마트에 <u>가 봤자</u> 싱싱한 과일은 없을 거예요.

- 가 : 요즘 사람들이 영양제를 많이 먹는데 나도 먹어볼까?
  나 : 그거 <u>먹어 봤자</u> 별로 도움은 안 될 거야.

- 가 : 지금 전화해서 예약을 할까요?
  나 : <u>전화해 봤자</u> 소용없어요. 예약기간이 지났어요.

-았/었/였어야 하다

- 가 : 감기 걸렸어요?
  나 : 네, 따뜻한 물로 <u>샤워했어야 했는데</u> 찬물로 샤워했거든요.

- 가 : 또 지각이네요.
  나 : 죄송합니다. 아침에 일찍 <u>일어났어야 했는데</u> 늦잠을 잤어요.

- 가 : 그 친구랑 계속 연락하고 있어요?
  나 : 아니요, 연락이 끊어졌어요. 제가 연락을 <u>했어야 했는데</u>…….

확인 학습

✱ 다음 〈보기〉와 같이 대화를 완성해 보세요.

- –(으)ㄹ 걸 그랬다
- –(으)ㄹ까 봐
- –아/어 봤자
- –았/었/였어야 하다

1. 가 : 날씨도 더운데 해운대에 가서 수영할까요?
   나 : _____ 사람들이 너무 많아서 수영할 수 없을 거예요.

2. 가 : 이번에 시험을 잘 쳤네요. 공부 많이 했어요?
   나 : 네, _____ 정말 열심히 공부했어요.

3. 가 : 고향에 계신 부모님이 보고 싶어요.
   나 : 부모님께 전화하든지 편지를 쓰세요.
   가 : 네, 요즘은 자주 전화해요. 고향에 있을 때 부모님께 _____

4. 가 : 넌 대학생이 되니까 더 열심히 공부하는 것 같아.
   나 : 응, 열심히 공부해서 성적이 좋으니까 기분이 좋아.
   고등학교 때도 열심히 _____

확인 학습

5   가 : 미영 씨, 요즘 살이 좀 찐 것 같아요.

　　나 : 맞아요. 3kg이나 쪘어요. 밤에 조금만 ＿＿＿＿＿＿＿

6   가 : 숙제를 왜 벌써 했어요? 다음 주까지잖아요.

　　나 : 주말에 아르바이트가 있어서 ＿＿＿＿＿＿＿ 미리 했어요.

7   가 : 어떡해요? 면접에서 떨어진 것 같아요. 더 열심히 준비했어야 했는데…….

　　나 : 뒤늦게 ＿＿＿＿＿＿＿ 소용없어요.

활동

말하기

1 여러분은 지금까지 살면서 큰 실수를 하고 후회한 적이 있습니까? 언제, 어떤 일이 었습니까?

2 여러분이 한 실수나 후회를 하기 전에 어떻게 했으면 좋았을까요?
또 그런 일이 생기면 어떻게 하겠습니까?

3 다음 상황을 보고 두 사람씩 이야기해 보세요.

1)

얼마 전에 친구에게서 휴대전화를 빌렸어요. 그런데 화장실에서 통화를 하다가 휴대전화를 빠뜨렸어요.

친구에게 휴대전화를 빌려줬는데 친구가 휴대전화를 고장냈어요.
왜 고장났는지 물어보세요.

활동

2)

내일 중요한 리포트를 내야 하는데 아직 반도 못했어요. 그런데 잠깐 화장실에 갔을 때 동생이 컴퓨터를 꺼 버렸어요. 리포트는 저장이 안 되었어요.

컴퓨터를 다 쓴 줄 알고, 게임을 하다가 컴퓨터가 갑자기 꺼졌어요. 그런데 형(누나, 오빠, 언니)의 중요한 리포트가 저장이 안 되었어요.

3)

다음 주에 정말 중요한 시험이 있는데 남자(여자)친구와 같이 야외로 나들이를 갔어요. 어머니께는 친구와 같이 도서관에서 공부한다고 거짓말을 했어요. 그런데 어머니께서 친구한테 전화를 했어요. 그래서 어머니가 알게 되었어요.

딸(아들)이 중요한 시험이 있어서 친구와 같이 도서관에서 공부를 한다고 했어요. 그런데 아무리 생각해도 도서관에 안 간 것 같아요. 딸(아들)이 같이 도서관에 간다고 한 친구에게 전화해 보세요.

친구가 어머니께 나와 같이 도서관에서 공부를 한다고 거짓말을 하고 남자(여자)친구와 놀러갔어요. 그런데 그 친구 어머니께서 나에게 전화를 해서 친구를 바꿔달라고 해요.

듣기

【1~2】 다음 대화에 이어질 알맞은 답을 고르세요.

1. ① 커피숍에 놓고 나왔어. 미안해.
   ② 커피숍에 가 봤자 못 찾을 거야.
   ③ 공책을 잃어버릴까 봐 걱정이야.
   ④ 왜 그렇게 물건을 잘 잃어버리니?

2. ① 지하철 타기를 잘 했어.
   ② 늦을까 봐 지하철을 탔어.
   ③ 그래, 버스를 탔어야 했어.
   ④ 미안해, 내가 더 빨리 서두를 걸.

【3】 다음 대화를 잘 듣고 질문에 알맞은 답을 고르세요.

3. 왕호는 무슨 실수를 했습니까?
   ① 선생님께 장난을 쳤다.
   ② 잘 모르는 사람에게 전화를 했다.
   ③ 선생님께 반말로 문자 메시지를 보냈다.
   ④ 친구에게 장난으로 문자 메시지를 보냈다.

활동

【4~6】 두 사람의 대화 내용과 같으면 O, 다르면 × 하세요.

4 원래 나비효과는 날씨를 예상하기 어려워서 생긴 말이다. (   )

5 작은 실수가 나중에 예상한 결과를 만드는 경우도 나비효과라고 할 수 있다.
(   )

6 민수는 지금까지 신중한 성격이었다. (   )

제 14 과 경제와 생활

1. 자신의 소비생활 점검하기
2. 경제생활에 대해 이야기하기

🎧 듣기
1. 왕호는 무엇을 샀습니까?
2. 여러분은 왕호에 대해서 어떻게 생각합니까?

대화 ❶

마이클	유키야, 돈 좀 빌려 줄 수 있어? 정말 급한 일이 있어서 그래. 이번 주 일요일까지 꼭 갚을게.
유키	너 지난주에 부모님께 용돈 받지 않았니? 그 돈은 다 어디에 썼어?
마이클	받았는데, 갖고 싶던 전자사전 사고, 옷 좀 사고, 친구들과 술 한 잔 했더니 없더라.
유키	세상에! 아무리 사고 싶은 물건이 있어도 아껴서 써야지. 그럼 지금 통장에 돈이 하나도 없어?
마이클	응. 난 저축 안 하거든. 없으면 부모님께 이야기하면 되니까.
유키	좋은 부모님 덕분에 편하게 살고 있구나. 너한테는 돈을 빌려 줄 수 없어. 미안해.
마이클	뭐? 유키야, 그러지 말고 좀 빌려줘. 제발! 부탁할게.
유키	네가 계속 부탁한다고 해도 내 마음은 변하지 않아. 제발 돈 좀 절약해서 써.

급하다
갚다
용돈
아끼다
통장
저축하다
절약하다

주요 문형

- –덕분에
- –ㄴ/는/다고 해도

유용한 표현

- 돈 좀 빌려 줄 수 있어?
- 옷 좀 사고 친구들과 술 한 잔 했더니 없더라.
- 아무리 사고 싶은 물건이 있어도 아껴서 써야지.
- 계속 부탁한다고 해도 내 마음은 변하지 않아
- 제발 돈 좀 절약해서 써.

발음

- 용돈 [용똔]
- 습관 [습꽌]
- 부탁할게 [부타칼께]

대화 연습

연습 ① 여러분은 어떤 일을 정말 열심히 했는데도 그 결과가 안 좋았던 적이 있습니까? 〈보기〉와 같이 친구와 함께 이야기해 보세요.

가 저는 아무리 돈을 아껴서 써도 돈이 모자라요. 왜 그럴까요?
나 저도 그래요. 제 생각에는 제 용돈이 너무 적은 것 같아요.
가 그래요?
나 다른 친구들을 보면 한 달에 40만 원씩 받던데 저는 25만 원만 받거든요.
가 _____
나 _____

1 공부

2 사랑

3 일

4 소비생활

5 (   )

대화 ❷

유키   선배, 지난달에 취직했다면서요? 축하해요.
민수   고마워. 졸업하기 전에 취직해서 정말 다행이야.
유키   회사는 어때요?
민수   일하기는 정말 좋은데, 월급이 쥐꼬리만 해. 그 돈으로는 생활비도 모자랄 것 같아.
왕호   그렇게 월급이 적어? 소비는 최대한 줄이고 저축을 많이 해야겠네.
민수   나도 그렇게 하려고 생각하는데 말처럼 쉽지 않을 것 같아.
유키   그럼, 월급 일부를 주식에 투자하지 그래요? 조금 위험하지만 돈을 많이 불릴 수 있잖아요.
민수   아! 맞아. 회사 선배도 주식 투자로 돈을 많이 불렸다고 하더라. 나도 한 번 해볼까?
왕호   지금 무슨 얘기하니? 주식 투자는 위험해. 돈 좀 불리려다가 다 잃어버리지 말고 은행에 저축이나 해.
민수   그래. 네 말이 맞아. 쉽게 번 돈은 쉽게 쓴다는 말도 있잖아. 아껴 쓰고 저축도 차곡차곡 해서 부자 되어야지. 하하.

| 취직하다 |
| 다행이다 |
| 월급 |
| 쥐꼬리 |
| 생활비 |
| 모자라다 |
| 소비 |
| 최대한 |
| 일부 |
| 주식 |
| 투자 |
| 불리다 |
| 차곡차곡 |

주요 문형

- –(으)려다가
- –(이)나

대화 ❷

유용한 표현

- 회사는 정말 좋은데 월급이 쥐꼬리만 해.
- 소비는 최대한 줄이고 저축을 많이 하면 괜찮을 거야.
- 주식에 투자하지 그래?
- 돈 좀 불리려다가 다 잃어버리지 말고 저축해
- 쉽게 번 돈은 쉽게 쓴다는 말도 있잖아.

발음

- 취직해서 [취지캐서]
- 그렇게 [그러케]

대화 연습

연습 ❶ 한 달 동안 용돈을 어디에 쓰는지 이야기해 보고 다음 표를 완성해 봅시다.

가   너는 용돈을 받니?

나   아니, 난 아르바이트를 해서 돈을 벌어. 너는?

가   난 집에서 용돈을 받아.

나   넌 한 달에 얼마나 받아?

가   한 달에 40만 원. 너는 얼마나 벌어?

나   한 달에 60만 원 정도 벌어.

가   그럼, 한 달 동안 60만 원 중에서 얼마나 써?

나   나는 _____

      _____

이름	수입	지출	돈을 어디에 씁니까?
유키	500,000	300,000	식비, 교통비, 휴대전화 요금, 기타 (옷/책/화장품 등등)

어휘 및 문형

어휘

경제와 생활

- 저축하다   절약하다   낭비하다   소비하다   수입   지출
- 돈을 쓰다   돈을 모으다   돈을 불리다   돈을 아끼다
- 저축   정기 예금   보통 예금   정기 적금   보험

문형

~덕분에

- 부모님 덕분에 편하게 공부할 수 있어요.
- 선생님 덕분에 한국어 실력이 많이 늘었어요.
- 매일 운동을 많이 한 덕분에 건강하게 생활하고 있어요.

-ㄴ/는다고 해도

- 수영을 잘 한다고 해도 조심하지 않으면 위험합니다.
- 돈을 많이 번다고 해도 저축하지 않으면 안 됩니다.
- 돈이 많다고 해도 사용할 줄 모르는 사람이 많습니다.

-(으)려다가

- 집에 가려다가 숙제가 생각이 나서 도서관에 갔습니다.
- 시계를 사려다가 너무 비싸서 안 샀습니다.
- 책을 읽으려다가 잠이 와서 잠을 잤습니다.

-(이)나

- 돈도 없는데 라면이나 먹자.
- 우리 점심이나 먹으면서 이야기해요.
- 배도 별로 안 고픈데 커피나 한 잔 하는 게 어때요?

어휘 및 문형

~(으)ㄹ 정도로

- 발표 준비가 너무 힘들어요. 머리가 아플 정도예요.
- 어제는 걸을 수 없을 정도로 술을 많이 마셨어요.
- 이 떡볶이는 눈물이 날 정도로 매워요. 한번 먹어 보세요.

~아/어/여 놓다

- 날씨가 많이 더워요. 문을 열어 놓으세요.
- 라면을 끓이기 전에 먼저 파를 썰어 놓아야 해요.
- 손님들이 오시기 전에 음식을 준비해 놓을게요.

확인 학습

✱ 주어진 문형을 사용하여 문장을 완성하세요.

- –덕분에   –ㄴ/는/다고 해도   –(으)려다가   –(이)나

1. 가 : 아이스크림을 먹는데도 더워요?
   나 : 지금은 너무 더워서 _____ 시원하지 않아요.

2. 가 : 유희 씨가 맛있는 요리를 _____ 아주 배가 불러요.
   나 : 맛있었다니 다행이네요.

3. 가 : 민수야, 밖에서 농구했니?
   나 : _____ 비가 올 것 같아서 집에 있었어요.

4. 가 : 시력이 예전보다 좋아진 것 같아요.
   나 : 네, 어머니가 눈에 좋은 차를 많이 _____ 좋아졌어요.

5. 가 : 유키야, 넌 똑똑해서 좋겠어.
   나 : 내가 _____ 노력하지 않으면 소용없어.

제14과 경제와 생활 253

확인 학습

6 가 : 정말 감사합니다. 선생님 　　　　　　 장학금을 받을 수 있었어요.
　　나 : 그런 말 하지 마. 민수가 열심히 해서 받은 거야.

7 가 : 점심은 어디에 가서 먹을까요?
　　나 : 그냥 학교 앞에 있는 　　　　　　 가자. 내가 살게.

8 가 : 그 사람이랑 왜 헤어졌어요? 잘생긴 데다가 능력도 있잖아요.
　　나 : 　　　　　　 성격이 안 좋으면 사귈 수 없어요.

9 가 : 서면에 안 갔어요?
　　나 : 네, 서면에 　　　　　　 숙제가 생각이 나서 다시 왔어요.

10 가 : 성적이 안 좋아서 걱정이야.
　　나 : 그럼, 다음 학기에 더 열심히 하면 되잖아.
　　가 : 그게 문제가 아니야.
　　　　다음 학기에 　　　　　　 졸업하지 못할 것 같아.

활동

말하기

1 다음 그림을 보고 이야기를 만들어 보세요.

①

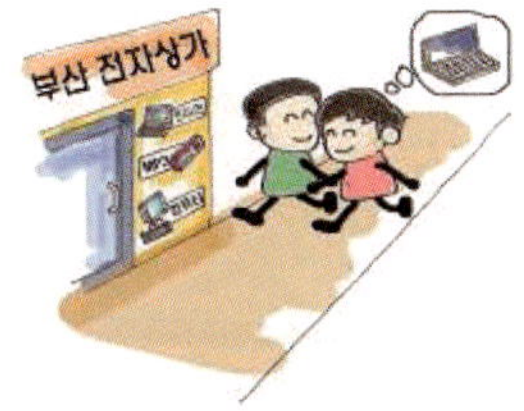

②

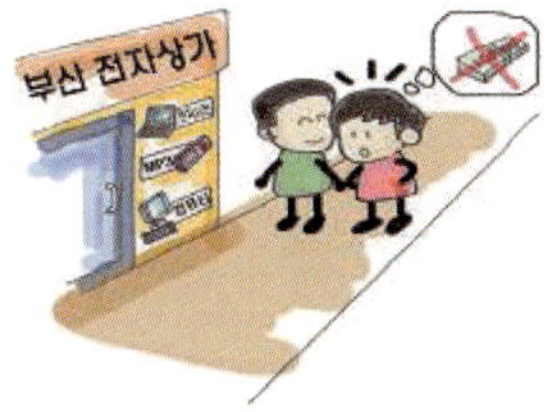

③

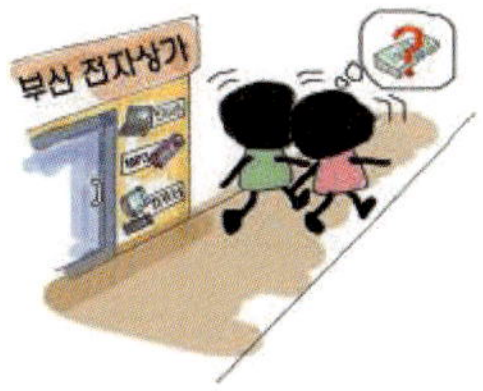

④

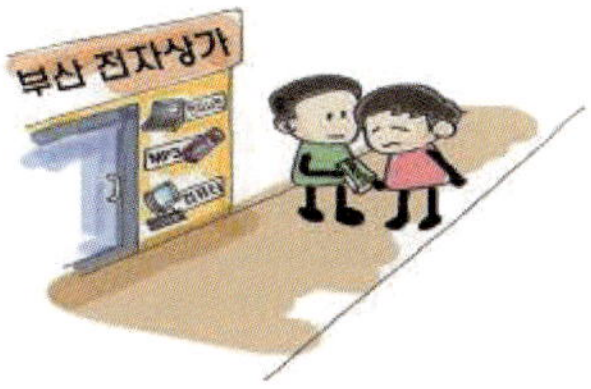

⑤

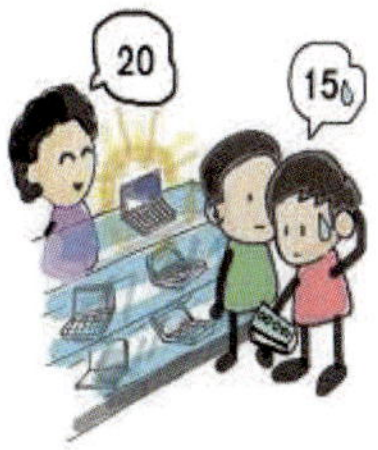

⑥

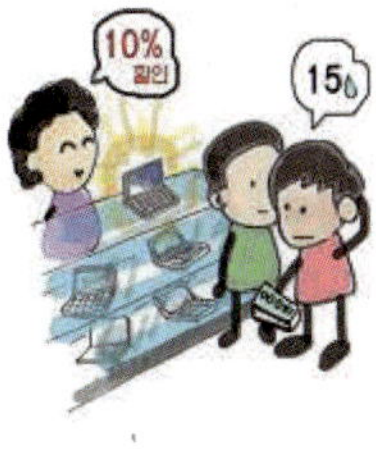

⑦

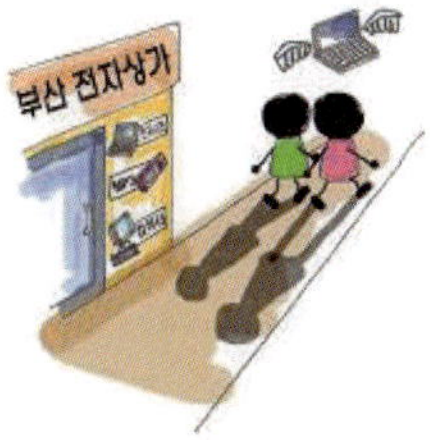

활동

말하기

2 다음 세 사람 중에서 누가 가장 올바른 경제생활을 하고 있습니까? 각자 자신의 의견과 이유를 이야기해 보세요.

이름: 김민호	이름: 왕청	이름: 하산
부모님한테 용돈을 받지 않고 아르바이트를 해서 사고 싶은 것을 사고, 하고 싶은 것을 다 한다.	부모님한테 용돈을 받아서 돈이 남으면 저축하고, 남지 않으면 저축하지 않는다.	용돈의 70%를 저축하고 30%만 용돈으로 사용한다. 돈이 없으면 걸어 다니고 밥을 사먹지 않는다.

가 : 저는 _____ 이/가 가장 올바른 소비생활을 한다고 생각해요.

　　왜냐하면 _____ 기 때문이에요.

나 : 제 생각은 달라요. 저는 _____ 이/가 더 잘 한다고 생각해요.

　　왜냐하면 _____ 기 때문이에요.

3 주변 친구들 중에서 다음 사람을 찾아보세요.

① 우리 반에서 돈을 가장 아끼는 사람

② 돈을 가장 펑펑 쓰는 사람

③ 알뜰한 사람

듣기

【1~2】 대화를 듣고 맞는 것에 ✓ 하세요.

1
- ☐ 저축할 수 있는 돈은 사람마다 비슷하다.
- ☐ 저축할 수 있는 돈은 여러 가지 상황에 따라 달라진다.

2
- ☐ 봉사활동은 의미 있는 일이다.
- ☐ 아르바이트를 하면 많은 돈을 벌 수 있다.
- ☐ 아르바이트를 하는 것이 미래를 위해 더 낫다.

【3~5】 다음 내용을 잘 듣고 질문에 알맞은 답을 고르세요.

3 이 설문 조사는 누구에게 실시하였습니까?
① 노년 부부
② 30대~50대 직장인
③ 20대 남녀 직장인
④ 한국의 모든 직장인

4 설문 조사의 질문 내용이 다른 것을 고르십시오.
① 왜 노후 준비를 못 하고 있습니까?
② 지난 1년 간 노후 준비를 했습니까?
③ 노후 준비가 왜 필요하다고 생각하십니까?
④ 노후를 위해 준비한 돈이 나중에 충분할 것 같습니까?

5 노후 준비 방법으로 가장 많은 대답은 무엇입니까?
① 보험 ② 국민연금 ③ 저축 ④ 주식투자

쉬어가기

대학생 사장님

경영학을 전공 중인 이진혁 씨(22)는 '두 마리 토끼'를 좇고 있다. 이는 공부와 사업을 병행하는 '대학생 사장님'이기 때문이다.

이 사장은 현재 아르바이트 정보를 제공하는 인터넷 사이트를 운영하고 있다. 사업을 시작한 지 한 달 만에 유료회원 1,200명을 넘겼으며, 현재는 3,000여 명이 가입해 있다.

이 사장은 "아르바이트를 제공해 주는 사이트가 많이 있지만 잘못된 정보도 많고 학생들이 선호하는 아르바이트 정보가 없는 경우가 많았다. 그래서 같은 학생인 내가 아르바이트 정보를 제공하는 사이트를 만들면 좋겠다고 생각하여 사업을 시작하게 되었다."고 하였다.

이 사장은 자신이 아르바이트를 구할 때의 경험을 바탕으로 학생들에게 도움이 되는 다양한 아르바이트를 많이 제공해 주고 있다.

이 사장의 사이트는 유료회원제로 1년에 10,000원의 회비만 내면 전국의 모든 아르바이트 정보를 쉽게 얻을 수 있다. 이 사장의 사이트는 한국 아르바이트 정보 제공 사이트 중 가장 많은 회원이 가입한 사이트이며, 구인을 원하는 회사도 많이 가입해 있어 아르바이트를 구하려는 학생들에게 많은 도움을 주고 있다.

제15과 취업과 면접

1. 자신이 하고 싶은 일에 대해 이야기하기
2. 면접에서 자신의 의사 표현하기

🎧 듣기
1. 마이클은 어제 무엇을 했습니까?
2. 지금 마이클의 기분은 어떻습니까?

대화 ❶

왕호	교수님, 안녕하세요? 저를 찾으셨어요?
교수	응. 어서 와. 현대자동차에서 나한테 괜찮은 학생을 추천해 달라고 해서 자네를 추천했어.
왕호	정말이세요? 교수님, 고맙습니다.
교수	고맙기는. 자네가 성적도 우수하고 성격도 좋으니까 추천을 한 거야.
왕호	과찬이십니다. 그런데 시험이나 면접은 언제 보나요?
교수	시험은 필요 없고 면접만 보고 결정을 한대. 일단 이력서를 보낸 후에 면접을 보면 될 거야.
왕호	네. 그런데 교수님께서 추천해 주셨는데 면접을 잘 못 보면 어떡하죠? 걱정돼요.
교수	실수 안 하도록 잘 준비하면 문제없어. 자신감 있게 질문에 답하면 괜찮을 거야.
왕호	네. 오늘부터 면접 준비를 열심히 해야겠어요.
교수	아, 그리고 이건 추천서야. 추천서가 없는 것보다 있는 게 나을 거야.

자네
우수하다
추천하다
실력
과찬
면접
이력서
실수
추천서

주요 문형
- -도록
- -는 것보다 -는 게 낫다

유용한 표현

- 괜찮은 학생을 추천해 달라고 해서 자네를 추천했어.
- 시험은 필요 없고 면접만 보고 결정을 한대.
- 실수 안 하도록 잘 준비하면 문제없어.
- 추천서가 없는 것보다 있는 게 나을 거야.

발음

- 없는 [엄는]
- 면접만 [면점만]
- 이력서 [이력써]
- 결정 [결쩡]

대화 연습

연습 ❶ 지금 여러분은 일자리를 찾으러 학교 취업 정보실에 갔습니다. 주어진 상황에 맞게 대화를 만들어 보세요.

> **– 삼성전자 아르바이트 모집–**
> ◆ 하는 일 : 외국인 대상으로 설문조사
> ◆ 아르바이트비 : 한 달에 70만 원
> ◆ 아르바이트 시간 : 9:00 ~ 18:00
> ◆ 지원 자격 : 외국어 전공자만 지원 가능

학생   저 아르바이트를 찾고 있는데요. 괜찮은 아르바이트가 있어요?

직원   네. 삼성 전자에서 아르바이트를 모집하고 있어요.

학생   어떤 일을 하는 거예요?

직원   외국인 대상으로 설문조사를 하면 돼요. 아르바이트비가 한 달에 70만원이라 괜찮은 것 같아요. 그런데 학생은 전공이 뭐예요?

학생   저는 영어 전공이에요.

직원   그럼, 빨리 지원해 보세요.
외국어 전공자만 지원할 수 있거든요.

1

— 대한그룹 신입사원 모집 —

- 지원 자격 : 경영학 혹은 경제학 전공자
- 나이 : 1980년 이후 출생자
- 외국어 능력 : 영어, 중국어, 일어 가능자 우대
- 월급 : 250만 원, 보너스 있음(연 4회)

2

— 부산 무역회사 경력사원 모집 —

- 지원 자격 : 비서학과 혹은 영어학과 전공자로 무역 회사에서 3년 이상 일한 자
- 외국어 능력 : 영어, 일어 가능자 우대
- 월급 : 350만 원, 보너스 있음(연 4회)
- 모집 부서 : 회장 비서실

대화 ❷

왕호	반갑습니다. 부산외국어대학교 국제통상학과 4학년 왕호입니다.
면접관	왕호 씨, 반갑습니다. 거기 앉으세요.
면접관	이력서를 보니까 지원동기가 참 인상적이네요. 여기서 지원동기를 다시 간략하게 이야기해 주세요.
왕호	네, 어릴 때 한국에 온 적이 있는데 그 때 탔던 차가 현대자동차였습니다. 승차감도 좋고 디자인도 예뻐서 현대자동차에서 일하고 싶다고 생각했습니다.
면접관	왕호 씨는 어느 분야에 자신이 있습니까?
왕호	어릴 때부터 외국어에 관심이 많았습니다. 영어와 한국어에 자신 있습니다.
면접관	그래서 영어 점수와 한국어 점수가 높은가 봅니다. 관심이 많으면 잘하기 마련이지요. 일하게 된다면 어느 부서에서 일하고 싶습니까?
왕호	외국어에 자신이 있기 때문에 해외 영업팀에서 일해 보고 싶습니다.
면접관	그럼, 현대자동차에서 일하게 된다면 현대자동차를 어떤 회사로 만들고 싶습니까?
왕호	전 세계의 자동차 시장에서 판매 1위의 회사로 만드는 것이 저의 꿈입니다.

지원동기
인상적이다
간략하다
승차감
디자인
부서
해외영업팀
거대하다
자동차 시장
판매
1위

주요 문형

- -기 마련이다
- -(으)ㄴ가 보다

유용한 표현

- 지원동기가 참 인상적이네요.
- 어떤 회사로 만들고 싶습니까?
- 판매 1위의 회사로 만드는 것이 저의 꿈입니다.

발음

- 간략하게 [갈랴카게]
- 탔던 [탈떤]

대화 연습

연습 ① 여러분은 대학교를 졸업한 후에 어떤 일을 하고 싶습니까? 왜 그 일을 하고 싶습니까? 친구들과 함께 이야기해 보세요.

이름	하고 싶은 일	이유
나		

가 너는 졸업 후에 어떤 일을 하고 싶어?

나 나는 무역회사에서 일을 하고 싶어.

그리고 40살쯤 되면 무역회사를 차리고 싶어.

가 그래? 멋지네. 그런데 왜 무역회사에서 일을 하고 싶어?

나 어릴 때부터 무역업을 하시는 아버지를 존경했어. 그리고……

_____

_____

어휘 및 문형

어휘

취업준비

- 이력서   자기소개서   추천서   성적증명서   주민등록등본
- 외국인등록증 사본   자격증   어학증명서   경력증명서

면접

- 지원하다   지원서   지원동기   사무직   영업직   판매직
- 보수   적성   근무시간   근무조건

어휘 및 문형

문형

-도록

- 앞으로 늦지 않도록 하세요.
- 이 그릇이 깨지지 않도록 조심하세요.
- 선생님, 제가 이해할 수 있도록 한 번 더 설명해 주시겠습니까?

-는 것보다 -는 게 낫다

- 지금 읽고 있는 책보다 이 책을 읽는 게 나아.
- 오늘은 밖에 나가는 것보다 집에 있는 게 나을 거야.
- 이번 방학에는 고향에 가는 것보다 여행가는 게 낫겠다.

-기 마련이다

- 돈을 많이 가지고 있으면 많이 쓰기 마련이다.
- 열심히 일하는 사람은 성실해 보이기 마련이다.
- 평소 수업시간에 열심히 하는 학생은 시험을 잘 치기 마련이에요.

-(으)ㄴ가 보다 / -나 보다

- 살이 빠진 걸 보니 다이어트를 하나 봐요.
- 오늘 학교에 안 오는 걸 보니 아픈가 봐요.
- 선생님한테서 칭찬을 받아서 기분이 좋은가 봐.

확인 학습

✽ 다음 〈보기〉와 같이 대화를 완성해 보세요.

- –도록
- –는 것보다 –는 게 낫다
- –기 마련이다
- –(으)ㄴ가 보다

1. 가 : 졸업하기 전에 한 번쯤 여행 가고 싶어요.
   나 : 그러면 이번 방학에 여행을

2. 가 : 죄송해요. 제가 오늘 실수를 했어요.
   나 : 괜찮아요. 누구나

3. 가 : 유키야, 오늘 민수는 어디 갔어? 하루 종일 볼 수가 없네.
   나 : 아르바이트하고 과제 준비하고 정말

4. 가 : 취업준비를 하려고 하는데 영어도 같이 하는 게 좋겠지?
   나 : 물론이지, 영어를

5. 가 : 마이클이 오늘 하루 종일 도서관에 있던데.
   나 : 조금 있으면 필기시험이 있어서

확인 학습

6 가 : 첫사랑은 왜 이렇게 잊기가 힘들지요?

나 : 원래 첫사랑은 못 _____

7 가 : 어떡해요? 아르바이트 하느라고 리포트를 늦게 냈어요.

나 : 괜찮아요. 늦더라도 리포트를 _____

8 가 : 내일 어디에서 모여요?

나 : 학교 커피숍에서 모이기로 했어요.

_____. 집에서 일찍 나오세요.

활동

말하기

1 여러분이 갖고 싶은 직업은 무엇입니까? 그 일을 위해서 지금 또는 학교를 다니면서 준비해야 하는 것이 무엇이 있습니까? 이야기해 보세요.

> 예) 한국에서 취업을 하고 싶다. 한국어 능력시험을 준비하는 게 좋다.

2 면접관과 지원자가 되어서 대화를 해 봅시다. 먼저 ①~③까지 두 사람이 이야기해 보세요.

① 무슨 일을 위한 면접인지 결정하세요.
> 예) 사무직 아르바이트, 자동차 회사, 중국어 학원 등.

② 당신이 면접관이라면 어떤 질문을 하겠습니까?
> 예) 성격의 장점과 단점이 무엇입니까?
> 지원 동기가 무엇입니까?
> 학교생활은 어떻게 했습니까?
> 얼마 동안 한국어를 배웠습니까? 등.

③ 당신이 지원자라면 어떤 대답을 준비하겠습니까?
> 예) 저의 장점은 힘들거나 어려운 일에도 계속 도전한다는 것입니다.

활동

3 팀을 나누어 한 팀은 면접관을 하고 한 팀은 지원자가 되어 실제 면접을 보고 직원을 뽑아 봅시다. 그리고 왜 그 사람을 뽑았는지 이야기해 보세요.

〈실제 면접 질문〉

1) _____
2) _____
3) _____
4) _____
5) _____
6) _____

〈평가표〉

평가항목/이름				
용모				
태도 및 자세				
리더쉽(적극성)				
대답의 논리성				
대답의 독창성				
총점	점	점	점	점

듣기

【1~2】다음 대화에 이어질 알맞은 답을 고르세요.

1. ① 저는 어떤 사람일 것 같습니까?
   ② 면접을 보면 긴장하기 마련입니다.
   ③ 저는 학교에서 추천을 받았습니다.
   ④ 저는 다른 사람들과 잘 지내는 것이 장점입니다.

2. ① 제가 어디로 연락할까요?
   ② 다시 연락을 하도록 하겠습니다.
   ③ 면접에서는 긴장하기 마련이지요.
   ④ 네, 감사합니다. 연락 기다리겠습니다.

【3~4】다음 대화를 잘 듣고 질문에 알맞은 답을 고르세요.

3. 세 사람은 지금 무엇을 하고 있습니까? (　　　　)

4. 대화의 내용과 같은 것을 고르세요.
   ① 김민수는 해외여행을 좋아한다.
   ② 유키는 더 많은 공부를 하고 싶어한다.
   ③ 마이클은 한국문화에 많은 관심이 있다.
   ④ 유키는 영어를 전공해서 이 회사에 지원했다.

활동

【5~7】 다음 대화를 잘 듣고 질문에 알맞은 답을 고르세요.

5 남자가 하고 싶어 하는 아르바이트는 무엇입니까?

①  ②  ③  ④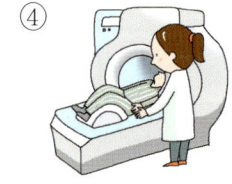

6 대화 내용과 <u>다른</u> 것을 고르세요.

① 자판기 관리는 시간이 많이 걸리지 않는다.

② 태희는 병원 환자를 돌보는 아르바이트를 한다.

③ 요즘에는 즐기면서 돈을 버는 아르바이트가 유행이다.

④ 전공과 관련 있는 아르바이트는 나중에 경력이 될 수 있다.

7 여자가 말한 '일석이조'의 의미는 무엇일까요?

① 열심히 노력할수록 결과도 좋아진다.

② 한 가지 일을 계속하면 좋은 결과를 얻는다.

③ 한 가지 일을 하면서 두 가지 이익을 얻는다.

④ 한 가지 일만 생각하면 좋은 결과를 얻을 수 없다.

듣기 대본

제1과 안부

_도입 부분 02
유키 안녕하세요? 민수 선배, 오래간만이에요.
민수 유키야, 이게 얼마 만이야?
유키 선배가 2년 전에 군대에 갔으니까 2년 만이에요.
민수 그동안 잘 지냈어?
유키 네, 잘 지냈어요. 요즘 수업이 많아서 조금 바쁘게 지내고 있어요.

_듣기 활동 03
【1~2】 다음 대화에 이어질 알맞은 답을 고르세요.
1. 초급 한국어를 얼마나 공부했어요?
2. 손요 씨, 전 손요 씨가 결혼한 줄 몰랐어요.

【3】 다음 대화를 잘 듣고 민수 씨와 미영 씨를 찾아 보세요.
미영 민수 씨, 방학 동안 어디에 갔어요? 얼굴이 까맣게 탔어요. 건강해 보여요.
민수 제주도에 갔어요. 그런데 미영 씨는 좋은 일 있어요? 행복해 보여요.
미영 네, 남자친구를 사귀었어요.

【4~5】 다음 대화를 잘 듣고 질문에 알맞은 답을 고르세요.
미영 마이클 씨, 그동안 잘 지냈어요?
마이클 미영 씨, 진짜 오랜만이에요. 여전히 예쁘네요. 요즘도 회사 일이 바빠요?
미영 네, 조금 바빠요. 마이클 씨는 어떻게 지냈어요?
마이클 저는 1년 전과 똑같아요. 학교 다니고 있어요. 이제 4학년이에요.
미영 그럼, 올해 졸업하겠네요. 졸업하고 뭐 할 거예요?
마이클 아마 아버지 회사에서 일할 것 같아요.
미영 좋겠어요. 아버지 회사에서 일하면 편할 것 같아요.
마이클 아니에요. 편해 보이지만 사실은 더 힘들어요.
미영 어떻게 알아요?
마이클 저번 방학에 아버지 회사에서 아르바이트를 했어요.
미영 그렇구나. 아 참! 마이클 씨, 배 안 고파요? 우리 뭐 좀 먹어요.
마이클 그럴까요? 뭐 주문할까요? 미영 씨는 뭐 좋아해요?
미영 저는 지금 배가 고파서 다 좋아요.

제2과 외모

_도입 부분 04
왕영 지영 씨, 저 요즘 뚱뚱해져서 걱정이에요.
지영 뚱뚱하기는요. 왕영 씨는 날씬한 편이에요.
왕영 그래요? 하지만 몸무게가 많이 늘었어요.
지영 그럼, 우리 같이 다이어트해요. 사실 저도 살이 쪄서 조금 걱정이에요.
왕영 좋아요. 내일부터 같이 시작해요.

_듣기 활동 05
【1~2】 다음 대화에 이어질 알맞은 답을 고르세요.
1. 유키 씨는 어떤 사람을 좋아해요?
2. 머리 모양을 바꿔 보는 게 어때요?

【3~4】 다음 대화를 잘 듣고 질문에 알맞은 답을 고르세요.
미용사 어서 오세요. 머리를 어떻게 해드릴까요?
손님 앞머리를 좀 짧게 잘라 주세요. 그리고 뒷머리는 파마해 주세요.

【5~6】 다음 대화를 잘 듣고 질문에 알맞은 답을 고르세요.
유키 미라 씨, 머리 모양이 바뀌었군요.
미라 네, 어제 미용실에 가서 머리를 했는데 좀 마음에 안 들어요.

유키	괜찮은 것 같은데 왜 마음에 안 들어요?
미라	좀 어려 보이고 싶은데 별로 변화가 없는 것 같아서요.
유키	아니에요. 앞머리를 자르니까 전보다 어려 보이고 좋아요.
미라	그래요? 고마워요, 유키 씨.
유키	요즘 어려 보이는 게 유행이잖아요.
미라	맞아요. 그래서 저는 짧은 파마머리가 좋아요.
유키	전 긴 생머리가 좋은데요.

【7~8】다음 대화를 잘 듣고 질문에 알맞은 답을 고르세요.

민수	왕영 씨, 저 다음 주에 이사를 가게 되었어요.
왕영	그래요? 어디로 가요?
민수	서면 근처의 원룸이요.
왕영	잘 됐네요. 그래서 그런지 민수 씨의 기분이 좋아 보여요.
민수	그것보다 어제 여자친구와 첫 데이트를 했거든요.
왕영	정말이에요? 언제부터 만났어요?
민수	일주일 전에 제가 고백을 했고 정식적인 데이트는 어제부터예요.
왕영	여자친구는 어떻게 생겼어요? 예쁠 것 같아요.
민수	제 눈에는 영화배우같이 예뻐요. 키도 크고 날씬해요.
왕영	다음에 시간 있으면 저에게 소개해 주세요. 같이 차 한잔 해요.
민수	네, 그렇게 할게요.

제3과 음식

_도입 부분 06

마이클	유키 씨는 어떤 음식을 좋아해요?
유키	저는 고기도 좋아하고 야채도 좋아해요.
마이클	한국 음식 중에서는 어떤 음식을 가장 좋아해요?
유키	떡볶이와 불고기를 좋아해요.
마이클	떡볶이요? 맵지 않아요?
유키	별로 안 매워요. 저는 매운 음식을 좋아하거든요.
마이클	그럼 우리 떡볶이로 주문해요.

_듣기 활동 07

【1~2】다음 대화에 이어질 알맞은 답을 고르세요.
1. 김치가 매운데 잘 드시네요.
2. 우리 내일은 어디에서 만날까요?

【3~4】다음 내용을 잘 듣고 질문에 답하세요.

각 나라마다 지역마다 음식과 맛은 다양하다. 대체로 그 나라를 대표하는 음식이 있는데, 그 중에서도 한국을 대표하는 음식은 김치라고 할 수 있다. 김치는 겨울에 채소를 먹기 위해 만든 음식으로 맵고 짠 것이 특징이다. 일본은 섬지역이기 때문에 해산물이 많이 나는 것이 특징이다. 그래서 스시가 유명하다. 중국은 땅이 넓어서 지역마다 아주 다양한 음식이 많이 있다. 그 중에서도 북경 오리 요리는 담백하고 맛있기로 유명하다. 그 외에도 이탈리아 음식으로는 파스타, 프랑스는 달팽이 요리, 베트남은 쌀국수가 유명하다.

【5~6】다음 대화를 잘 듣고 질문에 알맞은 답을 고르세요.

진행자	안녕하십니까? '오늘의 요리'의 김지수입니다. 오늘은 한식 요리사이신 이경미 선생님을 모셨습니다. 안녕하세요?
요리사	네, 안녕하세요?
진행자	오늘은 어떤 요리를 해볼까요?
요리사	네, 오늘은 쉽고 간단한 김치전을 한 번 만들어 보겠습니다.
진행자	아, 김치전은 한국 사람들에게 비 오는 날에 생각나는 별미라고 할 수 있죠?
요리사	그렇죠. 그리고 요리법이 간단해서 누구나 만들 수 있습니다. 특별히 매운 음식을 좋아하시는 분들은 김치전을 좋아하실 거예요.

진행자 그러면 요리에 필요한 재료는 무엇을 준비하면 됩니까?
요리사 밀가루와 양파, 김치, 그리고 집에 계란이 있으면 넣어도 괜찮아요.
진행자 특별한 재료도 좋지만 집에 있는 재료를 아무거나 사용해도 좋겠네요. 그럼, 요리법을 설명해 주시겠습니까?
요리사 네, 먼저 김치를 작게 썰어 놓습니다. 그리고 집에 있는 파나 양파는 김치와 비슷한 크기로 썰어 놓으세요.
진행자 오징어 같은 해산물을 넣어도 맛있겠지요?
요리사 네, 해산물을 넣으면 시원한 맛이 나잖아요. 밀가루에 물을 한 컵 정도 붓고 저어 주세요. 이때 계란이나 우유를 넣으면 부드러운 맛이 나게 됩니다. 그 다음에 썰어 놓은 김치와 다른 재료를 같이 넣어서 저으세요.
진행자 정말 간단하네요.
요리사 네, 집에 있는 재료를 사용해서 쉽게 할 수 있는 요리예요.

제4과 질병과 치료

_도입 부분 08
마이클 유키 씨, 어디 아파요? 얼굴이 창백해요.
유키 네, 어제 저녁부터 배가 아팠는데 지금도 계속 아프네요.
마이클 병원은 가 봤어요?
유키 아니요, 안 갔어요. 하지만 약을 먹으면 괜찮을 거예요.
마이클 그래도 병원에 꼭 한번 가 보세요. 여름에는 특히 배탈을 조심해야 하거든요.
유키 알겠어요. 걱정해 줘서 고마워요.

_듣기 활동 09
【1~2】 다음 대화에 이어질 알맞은 답을 고르세요.
1. 민수가 축구를 하다가 다리를 삐었어요.
2. 제가 처방한 대로 약을 드셨어요?

【3~4】 다음 대화를 잘 듣고 질문에 알맞은 답을 고르세요.
약사 어서 오세요. 뭐 드릴까요?
환자 눈이 빨갛게 충혈 되더니 지금은 아파요.
약사 그래요? 언제부터 그랬어요?
환자 한 이틀 됐나 봐요.
약사 눈병은 아닌 것 같아요. 아마 피곤해서 그런 것 같아요. 이 안약을 3일 동안 하루에 세 번 눈에 넣으세요.

【5~6】 다음 내용을 잘 듣고 질문에 알맞은 답을 고르세요.
　요즘에는 성형외과를 찾는 사람들이 늘어나고 있습니다. 쌍꺼풀 수술을 하는 사람, 코를 높이는 사람, 턱을 깎는 사람 등 다양한 수술을 하고 있습니다. 처음에는 연예인들이 많이 하기 시작했는데 요즈음은 일반인들도 이 수술을 많이 하고 있습니다. 일반인들도 외모에 대한 관심이 많이 생기면서 아름다워지고 싶은 마음이 강해졌기 때문입니다. 하지만 성형수술로 예뻐진 사람이 있는 반면, 여러 가지 부작용이 나타나는 경우도 많이 있습니다.

제5과 학교생활

_도입 부분 10
민수 유키야, 요즘 전공 수업 들어?
유키 네, 듣고 있어요.
민수 나는 요즘 전공 수업이랑 영어회화 수업을 듣고 있어.
유키 선배는 전공이 뭐예요?
민수 중국어 전공이야.
유키 재미있겠어요. 저는 국제비서학과인데 좋은 성적을 받을 수 있을지 걱정이에요.
민수 넌 아마 잘 할 수 있을 거야.

_듣기 활동 11

【1~2】 다음 대화에 이어질 알맞은 답을 고르세요.
1. 난 요즘 하는 일 없이 바쁜 것 같아.
2. 리포트 준비는 다 했니?

【3~5】 다음 대화를 잘 듣고 질문에 알맞은 답을 고르세요.
진진 수정아, 동아리마다 회원 모집하는 거 봤어?
수정 응, 나도 동아리 가입하고 싶은데 무슨 동아리가 좋을지 모르겠어.
진진 나는 사물놀이 동아리가 좋을 것 같아. 한국의 전통 문화에 대해서 알 수 있잖아.
수정 그래? 난 아카펠라 동아리에 관심이 있는데…….
진진 그게 뭐야?
수정 응, 음악 반주 없이 사람 목소리로만 노래를 하는 거야.
진진 아, 그거! 직접 노래하는 걸 들어봤는데 소리가 정말 아름다웠어.
수정 나도 그렇게 생각해. 그런데 사진 동아리나 태권도 동아리에도 관심이 생겨.
진진 너무 많이 가입하면 힘드니까 하나만 선택해서 오후에 같이 가 보자.
수정 그래, 그렇게 하자.
〈동아리에 다녀온 후〉
진진 수정아! 난 결정했어. 사물놀이 동아리에 가입할 거야. 선배들도 모두 좋고 재미있을 것 같아. 너도 결정했니?
수정 난 사진 동아리에 가입하는 게 좋겠어.
진진 왜? 너 아카펠라 동아리에 관심이 더 많이 있었잖아.
수정 사실은 사진 동아리에 우리 과 킹카 선배가 있어. 그래서 바로 결정했지.

제6과 여행

_도입 부분 12
민수 너 지난주에 일본에 갔었니?
유키 네. 마이클이랑 같이 갔었어요. 부모님을 만나러 가는 길에 마이클도 같이 갔어요. 그런데 어떻게 알았어요?
민수 왕호가 어제 이야기해 줬어.
유키 아, 그렇군요!
민수 유키야, 나도 일본에 가고 싶은데 일본에는 뭐가 유명한지 잘 모르겠어. 어디가 갈 만한 곳이니? 소개 좀 해 줘.
유키 음… 일본은….
       아, 맞다! 저 다음 주에 일본에 갈 건데, 그 때 같이 갈래요? 제가 유명한 곳과 맛있는 음식을 많이 소개해 줄게요.
민수 정말? 같이 가도 괜찮아?
유키 당연하지요!
민수 와! 정말 좋다! 고마워.

_듣기 활동 13
【1~3】 대화를 잘 듣고 맞으면 O, 틀리면 X 하세요.
왕호 지은아, 너 이번 휴가 때 어디에 다녀왔니?
지은 응. 난 설악산에 갔다 왔어. 설악산 정말 예쁘더라.
왕호 정말이야? 나도 가보고 싶다. 설악산은 뭐가 유명해?
지은 설악산은 4계절 내내 아름다운 풍경으로 유명해. 봄에는 예쁜 꽃이 피고, 여름에는 푸른 나무와 폭포가 있고, 가을에는 단풍이 너무 예쁘고, 겨울에는 눈으로 하얗게 변한 산이 참 아름다워.
왕호 이야~. 네 말을 들으니까 내일이라도 설악산으로 여행 가고 싶다.
지은 가고 싶으면 가자. 나도 한 번 더 가고 싶어. 내일 주말이잖아. 내일 아침 일찍 출발하는 게 어때?

왕호 그래, 좋아. 그럼 내일 아침에 일찍 가는 거야. 내가 도시락을 준비할 테니까 넌 카메라를 가지고 와.

【4~5】 다음 대화를 잘 듣고 질문에 답하세요.
직원 여보세요? 하나 여행사입니다.
손님 제가 이번 휴가 때 한국에서 유명한 드라마 촬영지를 가려고 하는데 혹시 그런 여행 상품도 있어요?
직원 네, 있습니다. 겨울연가 촬영지인 남이섬과 춘천여행이 요즘 가장 인기 있는 상품입니다.
손님 아! 겨울연가 촬영지. 좋아요. 몇 박 며칠이에요?
직원 2박 3일입니다. 남이섬에서 1박, 춘천에서 1박입니다.
손님 출발은 언제예요?
직원 매주 금요일에 출발해서 일요일에 돌아옵니다.
손님 괜찮네요. 비용은 얼마 정도 필요해요?
직원 숙박과 교통비를 포함해서 10만 원이고, 식사는 아침만 제공합니다.
손님 그럼, 그 상품으로 예약해 주세요. 날짜는 다음 주 금요일로 해 주세요.

【6~8】 다음 대화를 잘 듣고 질문에 알맞은 답을 고르세요.
동생 언니, 신혼여행은 잘 다녀왔어?
언니 응, 재미있게 놀고 푹 쉬었어.
동생 필리핀은 어때? 필리핀에 갔던 사람들 얘기를 들어보니까 좋다고 하던데.
언니 바다가 정말 예쁘고 환상적이었어. 그런데 한국 사람들도 정말 많고 복잡했어. 참, 이거 망고야. 필리핀의 대표적인 과일인데 정말 싸고 맛있어. 망고 때문에 다음에 또 가고 싶어.
동생 정말 고마워, 언니.
언니 요즘 신혼여행으로 필리핀을 많이 가더라. 여행비도 저렴하고 좋은 곳이 많아서 그런 것 같아.
동생 신혼여행뿐만 아니라 배낭여행을 가는 대학생들도 많이 있대. 요즘에는 대학생들이 아르바이트를 해서 번 돈으로 배낭여행을 가는 것이 유행인 것 같아. 배낭여행을 갔다 오면 좀 더 넓은 세상을 볼 수 있고 많은 경험을 쌓을 수 있잖아. 그래서 나도 꼭 배낭여행을 가 보고 싶어.
언니 그래, 젊을 때 해외로 가서 많은 경험을 해 보면 좋을 것 같아.

제7과 감정

_도입 부분 14
유키 민수 선배, 어제 기숙사에서 무슨 일이 있었어요?
민수 아무 일도 없었어.
유키 거짓말하는 것 같아요. 지금 기분이 안 좋아 보여요.
민수 사실…… 어제 기숙사에서 친구와 좀 싸웠어.
유키 무슨 일 때문에 싸웠어요?
민수 기숙사는 여러 사람이 같이 사는 곳이잖아. 그런데 그 친구는 밤늦게까지 컴퓨터를 하고, 음악을 크게 듣고, 또 시끄럽게 전화를 해. 그래서 너무 화가 나서 그 친구와 좀 싸웠어.
유키 그랬군요. 정말 화가 많이 났겠어요. 그 친구와 화해할 거예요?
민수 화해해야 하는데 어떻게 해야 할지 모르겠어.

_듣기 활동 15
【1~2】 다음 대화에 이어질 알맞은 답을 고르세요.
1. 영수야, 얼굴이 안 좋아 보이는데 무슨 일 있어?
2. 수미야, 오늘 네 노트북 좀 빌려 줄래?

【3~4】 다음 대화를 잘 듣고 질문에 알맞은 답을 고르세요.
수미 와! 지연아 안녕? 오랜만이다. 여행은 잘 다녀왔어?

지연	으응……. 수미야. 안녕?
수미	왜 그래? 여행 가서 무슨 안 좋은 일 있었니?
지연	아니, 그게 아니라 사실은 지난번에 네가 빌려준 카메라가……
수미	응. 카메라가 왜?
지연	여행하다가 고장이 나 버렸어. 지금 서비스센터에 고치려고 맡겼어. 그런데 바닷물 때문에 고장이 나서 못 고칠지도 몰라.
수미	뭐? 못 고칠 수도 있다고? 너 혹시 카메라 가지고 바다에 들어갔어?
지연	으……응.
수미	너…… 정말!
지연	미안해서 어떡하지? 정말 미안해.
수미	흠…… 뭐 그렇다면 할 수 없지. 산 지 3년이나 된 카메라니까 괜찮아.
지연	정말? 용서해 주는 거야?
수미	사실 처음에는 화가 좀 났었는데 우리는 친구잖아. 이해할 수 있어.
지연	정말 고마워. 네가 화 많이 낼 것 같아서 걱정했어. 오늘 내가 맛있는 것 살게. 같이 가자.

【5~6】다음 대화를 잘 듣고 질문에 알맞은 답을 고르세요.

민수	미소야, 넌 감정을 잘 표현하는 편이야?
미소	응. 난 솔직한 편이라고 생각해. 그건 왜 물어?
민수	어느 심리학자가 말했는데 자기의 감정에 솔직하고 표현을 잘 하는 사람은 정신 건강에 좋다고 해.
미소	그렇구나. 그런데 내 생각에 그건 개인적인 성격과도 관계가 있는 것 같아. 활발하고 외향적인 사람은 자기의 감정을 솔직하게 표현을 잘 하고, 조용하고 내성적인 사람은 표현을 안 하는 것 같은데…….
민수	그러고 보니 네 말도 맞는 것 같아. 하지만 중요한 것은 자기가 기분이 안 좋다고 주위 사람들에게 화를 내거나, 기분이 좋다고 큰 소리로 이야기하고 웃는 것도 다른 사람을 배려하지 않는 행동이야.
미소	맞아. 생각해 보니 자기감정에만 너무 빠져있는 것도 안 좋은 것 같아.

제8과 성격

_도입 부분 16

주인	주문하시겠습니까?
마이클	네, 김치찌개 1인분 주세요.
주인	지금 점심시간이기 때문에 주문이 많아서 15분 정도 기다리셔야 합니다.
마이클	15분이요? 왜 그렇게 늦어요? 좀 더 빨리 해 줄 수 없어요?
주인	빨리 준비해 드리겠습니다. 조금만 기다려 주세요.

〈잠시 후〉

마이클	빨리 빨리 주세요. 배고파요.
주인	5분만 더 기다려주세요.
마이클	벌써 5분이나 기다렸어요. 더 못 기다리겠어요. 빨리, 빨리요.

_듣기 활동 17

【1~2】다음 대화에 이어질 알맞은 답을 고르세요.
1. 난 우리 반 반장이 아주 무서운 줄 알았어.
2. 내가 자주 들르던 식당이 바로 이곳이야.

【3~4】다음 대화를 잘 듣고 질문에 알맞은 답을 고르세요.

진호	수미야, 너 혈액형이 뭐야?
수미	난 A형인데 왜?
진호	요즘 혈액형으로 성격 테스트 하는 게 유행이잖아. 예를 들면 A형은 성실하고 부드럽지만 좀 소극적이고, B형은 사교적이지만 바람둥이가 많대.
수미	그리고 O형은 성격이 좋고 활발하고, AB형은 냉정하고 똑똑하고, 맞지?
진호	너도 알고 있네.

수미 　나도 혈액형에 대해서 많이 들어 봤는데 사실은 그런 말은 믿지 않아. 이 세상에 얼마나 많은 사람들이 있는데 단지 4가지 혈액형으로 성격을 구별 할 수 있겠어?

진호 　하하. 그래, 네 말도 맞아. 그냥 재미로 한 번 해 보는 거지 뭐.

【5~7】 다음 대화를 잘 듣고 질문에 알맞은 답을 고르세요.

왕호 　얼마 전에 결혼 상대 조건에 대한 조사를 했는데 남자들이 여자들을 선택할 때 경제력이 첫 번째라고 말한 사람이 40%가 넘는다고 하더라.

영미 　나도 그 뉴스 봤어. 여자들은 남자를 선택할 때 성격이 첫 번째라고 한 사람이 37%라고 해. 그리고 직업이나 학벌이 중요하다고 말하는 사람들도 있었어. 여자들이 남자들보다 성격을 더 중요하게 생각하는 것 같아.

왕호 　응, 나도 조금 놀랐어. 나는 그 반대라고 생각했거든.

영미 　여자들이 싫어하는 성격 중에서 1위가 다혈질인 사람이고, 좋아하는 성격중에서 1위는 자상하고 너그러운 성격이라고 해.

왕호 　그래? 영미야, 난 어때? 다혈질이라고 생각해?

영미 　아니, 왕호 넌 다혈질은 아니지만 성격이 좀 급하잖아. 하하하.

왕호 　맞아, 그런 성격은 고쳐야 하는데 아직 잘 안 고쳐지네.

제9과 문화생활

_도입 부분 18

민수 　왕호야, 너는 어떤 공연을 좋아해? 이번 달에 문화회관에서 좋은 공연들이 많이 있는데 같이 보러 갈래?

왕호 　그래? 난 연극을 좋아하는데……. 민수 너는?

민수 　나도 연극을 참 좋아해. 영화는 스크린을 통해 보지만 연극은 배우들의 연기를 실제로 볼 수 있어서 더 좋은 것 같아. 어제 인터넷을 보니까 '그 남자, 그 여자' 라는 연극이 내일부터 문화회관에서 공연한다고 하던데…….

왕호 　정말? 그럼, 우리 내일 그 연극 보러 가자.

민수 　좋아. 그렇게 하자. 그런데, 어! 큰일이다! 수업에 늦었어. 교수님께 또 혼나겠군. 왕호야! 내가 나중에 수업 끝나고 전화할게.

_듣기 활동 19

【1~2】 다음 대화에 이어질 말로 알맞지 않은 답을 고르세요.

1. 미소야, 이번에 나온 그 영화, 인기가 많던데 봤어?

2. 네가 좋아하는 가수가 이번에는 영화에 출연하더라.

【3~4】 다음 대화를 잘 듣고 질문에 알맞은 답을 고르세요.

3.

왕호 　수미야, 내일 영화 보러 갈까?

수미 　응, 나 영화 보는 것 정말 좋아해. 그런데 무슨 영화 볼 거야?

왕호 　'공포의 13일' 이라는 영화가 이번에 새로 나왔더라.

수미 　난 공포 영화는 너무 무서워서 정말 싫어해. 멜로 영화는 어때?

왕호 　그래, 네가 보고 싶은 거 보자.

4.

　최근 들어 다양한 종류의 음악들이 인기를 얻고 있다. 특별히 젊은이들한테서 인기를 얻고 있는 힙합, 댄스, 발라드뿐만 아니라 중년의 어머니, 아버지들이 좋아하시는 트로트까지 인기를 얻고 있다. 또 옛날에 유행했던 노래를 다른 가수가 다시 부르는 리메이크 곡들도 사람들이 좋아하고 있다. 하지만 이렇게 다양한 음악들이 나오는 것에 비해 음반 시장은 별로 성공적이지 않다. 왜냐하면 음악을 듣는 사람들 대부분이 인터넷으로 다운받아서 듣고 음반은 잘 사지 않기 때문이다. 이런 문제 때문에 가수들은 콘서트를 열어서 수입을 얻거나 자신의 실력을 인정받는 데 더 많은 노력을 해야만 한다.

【5~7】 다음 대화를 잘 듣고 질문에 답하세요.

철수 미나야, 넌 영화나 연극을 자주 보는 편이야?
미나 응, 난 뮤지컬이랑 콘서트 보러 가는 걸 아주 좋아해.
철수 그래? 이번에 영화배우 조민수가 '지킬 박사'라는 뮤지컬에 나온다고 들었어.
미나 나도 알아. 조민수는 연기도 잘하는데다가 노래도 잘하잖아. 그래서 조민수를 아주 좋아해. 지난번 영화에서는 남우주연상도 받았잖아.
철수 그래. 그 사람이 출연하는 영화는 거의 다 흥행하더라고.
미나 이번 뮤지컬도 기대가 많이 돼. 너도 같이 갈래?
철수 언제 갈 거야? 이번 주 토요일, 일요일 각각 4시 반하고 7시에 공연이 있던데 언제가 좋겠어?
미나 난 토요일 7시가 좋아.
철수 참, 수미도 같이 가면 어때? 주말에 다른 약속이 없다고 하던데.
미나 그래, 같이 가면 더 재미있겠다.
철수 그럼, 공연 장소가 부산 문화회관이니까, 토요일 6시에 학교 앞에서 만나서 같이 가자.

제10과 주거

_도입 부분 20

마이클 민수 선배, 혹시 내일 저 좀 도와줄 수 있어요?
민수 무슨 일이야?
마이클 지난주에 자취방을 구해서 내일 이사하거든요. 선배가 저 이사하는 것 좀 도와주세요.
민수 알겠어. 도와줄게. 아! 나도 기숙사에서 나가고 싶다! 기숙사가 싸고 깨끗하지만 사람이 너무 많아서 시끄럽고 불편해.
마이클 그렇군요. 그럼, 선배도 자취방이나 하숙집을 알아 보세요. 요즘 학교 근처에 싸고 깨끗한 자취방이 많이 생겼어요.
민수 그래? 진짜 한번 알아 봐야겠다. 괜찮은 집이 있으면 다음 학기부터 기숙사에서 나와야겠어.

_듣기 활동 21

【1~2】 다음 대화에 이어질 알맞은 답을 고르세요.
1. 네가 살고 있는 집은 마음에 들어?
2. 가 : 여보세요?
   나 : 안녕하세요? 하숙생 구한다고 해서 전화했어요.
   가 : 그렇군요. 그런데 우리 집은 하숙비가 좀 비싼데 괜찮겠어요?

【3~4】 다음 대화를 잘 듣고 질문에 알맞은 답을 고르세요.
왕호 얼마 전에 뉴스를 봤는데 서울에서 직장인이 집을 사려면 8년 동안 돈을 하나도 쓰지 않고 모아야 집을 한 채 살 수 있대.
미영 응, 그 뉴스 나도 들었어. 집값이 비싸서 서민들이 자기 집을 가지기가 어렵다는 뜻이겠지.
왕호 그런데 한국 사람들은 집을 굉장히 중요하게 생각하는 것 같아.
미영 그 이유는 한국은 옛날부터 인구는 많은데 면적이 좁기 때문이야. 그래서 높은 건물과 아파트가 많아.
왕호 그러면 전세나 월세로 살면 안 되나?
미영 전세나 월세로 살면 이사를 자주해야 하잖아.
왕호 그래도 난 집을 사기 위해서 돈을 모으지는 않을 거야. 꼭 집이 있어야 하는 건 아니잖아?
미영 그렇지. 하지만 자기의 집이 있어야 편안하게 살 수 있어. 난 취직하면 돈을 많이 모아서 집을 살 거야.

【5~6】다음 대화를 잘 듣고 질문에 알맞은 답을 고르세요.

유키   왕호 선배, 제가 기숙사에서 나와서 자취를 하려고 하는데 좀 도와주실래요?

왕호   그래. 그런데 뭘 도와주면 될까?

유키   제가 한국어가 서툴러서 자취방 구하기가 힘들거든요. 선배는 한국어를 잘하니까 계약할 때 좀 도와주시면 좋겠어요.

왕호   오늘은 시간이 없으니까 주말에 한번 알아보자. 그런데 어떤 집을 찾고 싶은데?

유키   미호랑 저랑 두 명이 살 건데, 주택으로 방이 두 칸이면 좋겠어요. 욕실이랑 부엌은 같이 사용하면 되고요.

왕호   그럼 보증금은 얼마나 있어?

유키   지금은 둘이서 300만 원 정도 있는데 월세는 어느 정도로 생각해야 해요?

왕호   보증금은 그 정도면 괜찮겠다. 그런데 월세는 15만 원에서 25만 원 정도면 될 텐데 직접 가 봐야 알 수 있거든.

유키   선배, 원룸은 보증금이 더 필요하겠죠?

왕호   원룸은 알아보나 마나 돈이 더 비쌀 거야. 일반 주택이 싸니까 거기서 자취하는 게 좋을 거야.

유키   알겠어요. 그럼, 토요일에 같이 한번 가 볼까요? 맛있는 점심 사 드릴게요.

제11과 정보

_도입 부분 22

마이클   유키야! 민수 선배가 어제 교통사고가 났다고 해.

유키   정말이야? 어떡하니? 많이 다쳤대?

마이클   어제 중환자실에 있었는데 지금은 일반 병실로 옮겼다고 해.

유키   정말 다행이다.

마이클   나도 아침에 이 소식을 듣고 진짜 놀랐어.

유키   우리 오늘 수업이 끝난 후에 선배 병문안 가자. 빨리 선배한테 가 보고 싶어.

마이클   나도 그래. 그럼, 나중에 수업 끝나고 전화해.

_듣기 활동 23

【1~2】다음 대화에 이어질 알맞은 답을 고르세요.
1. 마이클, 유키가 이번에 한국어 능력시험 같이 치재.
2. 학교 홈페이지에서 봤는데 도서관에서 일할 아르바이트 학생을 뽑는대.

【3】다음 내용을 듣고 '이것' 이 무엇인지 고르세요.

이것은 최근 세계 인구 80%가 사용할 정도로 사용자가 늘어나고 있다. 주로 젊은 층들을 중심으로 해서 사용하고 있으며 다른 정보 수단보다 빠르고 정보의 양도 엄청나다. 이것은 컴퓨터가 사용되면서 발달한 매체이다. 이것은 빠른 정보의 수집이라는 면에서 긍정적이지만, 실명제를 사용하지 않아 부정적인 면이 많고 사회적인 부작용도 심각한 수준이다.

【4~6】다음 대화를 잘 듣고 질문에 알맞은 답을 고르세요.

앵커   다음 소식입니다. 영화배우 전도연 씨가 영화 '밀양' 으로 프랑스의 '칸 영화제' 에서 여우주연상을 받았습니다. 이 소식을 현지에 있는 김기수 기자가 전해 드립니다.

기자   오늘 28일 프랑스 칸에서 열린 시상식에서 전도연이 여우주연상 수상자로 뽑혔습니다. 지난 1987년 강수연이 베니스 영화제에서 여우주연상을 탄 이후 20년 만입니다. 전도연은 이창동 감독의 '밀양' 에서 아들을 잃어버린 후 힘들어하는 여인의 모습을 완벽하게 연기했습니다. 배우의 연기력을 중요시하는 영국인 심사위원장 스티븐 프리머스도 전도연의 연기에 높은 점수를 주었습니다. 지난 24일 공식 시사회가 열린 뒤 영화평론가와 프랑스 언론들은 전도연의 연기에 박수를 보내며 여우주연상 수상을 예상했습니다. 이상 nbs

의 김기수 기자였습니다.

제12과 초대와 방문

_도입 부분_ 24

유키 　마이클한테서 전화 왔었어요? 내일이 마이클의 생일이라면서요?

민호 　응. 나도 전화 받았어. 생일파티에 꼭 오라고 초대하더라. 마이클이 한국에 와서 처음 맞는 생일이라서 기분이 좋은가 봐.

유키 　그래서 말인데요, 우리 마이클 생일선물 사러 같이 가요. 오늘부터 백화점 세일을 시작한대요.

민호 　그래, 좋아. 그런데 나는 무슨 선물이 좋을지 잘 모르겠어.

유키 　그건 백화점에 간 후에 다시 생각해 봐요.

_듣기 활동_ 25

【1~2】 다음 대화에 이어질 알맞은 답을 고르세요.

1. 이번 주 토요일이 우리 아이 돌이거든요. 바쁘시더라도 오셔서 축하해 주세요.

2. 오늘이 우리 아버지 60번째 생신이세요.

【3】 지금 무엇을 하고 있습니까?

　안녕하십니까? 오늘 사회를 맡게 된 김영수입니다. 바쁘신 중에도 이렇게 두 사람을 축하하기 위해 와 주신 여러분들께 감사의 말씀드립니다. 신랑 이민수 군과 신부 박영희 양이 앞으로 잘 살아갈 수 있도록 많은 박수와 축하를 부탁드립니다.

【4~5】 다음 대화를 잘 듣고 질문에 알맞은 답을 고르세요.

유키 　김 선생님, 안녕하세요? 아기 돌을 축하드립니다.

김선생님 　네, 고마워요. 길을 잘 찾아왔네요. 미나꼬 씨도 왔네요.

미나꼬 　네, 선생님. 축하드립니다. 여기 저희가 아기 옷을 준비했어요.

김선생님 　정말 고마워요. 여기 앉아서 식사 먼저 하세요.

유키 　와, 준비 많이 하셨네요. 그런데 한국에서는 돌잔치에서 아기가 돌잡이라는 것을 한다던데 하셨어요?

김선생님 　네. 상 위에 실, 돈, 연필을 놓았는데 우리 아기는 실을 잡았어요.

미나꼬 　그건 무슨 의미예요?

김선생님 　아기가 실을 잡으면 오래 살고, 돈을 잡으면 돈을 많이 벌어서 부자가 되고, 연필이나 공책을 잡으면 공부를 잘 해서 학자가 된다는 뜻이에요.

미나꼬 　정말 그게 사실이에요?

김선생님 　꼭 그런 건 아니에요. 그냥 한국의 풍습이에요.

유키 　선생님은 아기가 미래에 어떤 사람이 되었으면 좋겠어요?

김선생님 　지금은 그냥 아기가 건강하게 잘 자랐으면 좋겠어요.

제13과 후회와 실수

_도입 부분_ 26

선배 　마이클, 오늘 무슨 일 있어? 우울해 보여.

마이클 　선배, 저…… 고민이 있어요.

선배 　무슨 일이야? 이야기해 봐.

마이클 　어제 여자친구와 싸웠어요. 사실 제가 잘못했거든요. 그런데 사과도 안 하고 여자친구에게 화를 냈어요. 그래서 지금 여자친구가 헤어지자고 해요.

선배 　그래? 마이클은 여자친구와 헤어지기 싫지?

마이클 　당연하죠. 전 아직 여자친구를 사랑해요. 어제 제가 그냥 사과할 걸 그랬어요. 너무 후회가 돼요.

선배 　지금이라도 안 늦었어. 여자친구에게 전화해

서 진심으로 사과해. 그럼, 여자친구도 마이클을 이해해 줄 거야.

_듣기 활동 27

【1~2】 다음 대화에 이어질 알맞은 답을 고르세요.
1. 유키야, 어떻게 하다가 내 공책을 잃어버렸어?
2. 너무 늦었어. 지하철을 탈 걸 그랬어.

【3】 다음 대화를 잘 듣고 질문에 알맞은 답을 고르세요.
왕호   선생님, 정말 죄송해요.
선생님 아니에요. 괜찮아요.
왕호   전 친구가 장난치는 줄 알고 반말로 메시지를 보냈어요. 제 휴대폰에 선생님 전화번호가 없었거든요.
선생님 나도 왕호 씨가 내 전화번호를 알고 있는 줄 알고 누군지 말을 안 했으니까 나도 실수했네요.
왕호   잘 모르는 전화번호였으면 전화를 해 볼 걸 그랬어요.

【4~6】 두 사람의 대화 내용과 같으면 O, 다르면 × 하세요.
민수   왕호야, 너 '나비효과'라는 말을 들어본 적 있어?
왕호   아니, 그게 뭔데?
민수   그건 나비의 날개 짓이 지구 반대편에서는 태풍을 일으킬 수 있다는 말이래. 원래는 날씨를 예상하는 기상학자가 예상할 수 없는 날씨의 이유를 찾다가 만든 이론이래.
왕호   그래? 좀 어려운데…….
민수   간단하게 말하면 아주 작은 일이 나중에 생각하지 못한 큰 결과를 가지고 올 수 있다는 말이지.
왕호   아, 다르게 말하면 작은 실수 하나가 나중에 큰 잘못이 되다거나 후회하는 일이 생길수도 있다는 뜻이구나.
민수   맞아, 그렇게 생각해도 될 거야. 요즘에는 어디에든 이 말을 사용하더라고.

왕호   그걸 생각하면 언제든지 말이나 행동을 조심하고 생각도 많이 해야 할 것 같아.
민수   하하하, 이제 왕호가 신중해지겠구나.

제14과 경제와 생활

_도입 부분 28
민수   왕호야, 너 어제 아르바이트비 받았지? 한턱 내.
왕호   돈이 하나도 없어.
민수   무슨 소리야? 너 어제 아르바이트비로 50만 원 받았잖아. 설마 다 쓴 건 아니겠지?
왕호   다 써 버렸어. 지난 달부터 사고 싶었던 디지털 카메라가 있었는데 그거 사 버렸어.
민수   세상에…… 너 정말 절약할 줄 모르는구나. 너는 저축도 안 하지?
왕호   으……응.
민수   정말 할 말이 없다.

_듣기 활동 29
【1~2】 대화를 듣고 맞는 것에 ✓ 하세요.

1.
학생   교수님, 질문이 있습니다. 미래를 위해 수입의 몇 퍼센트를 저축하는 것이 좋을까요?
교수   그건 수입에 따라 다르겠지. 예를 들면 100만 원 버는 사람과 200만 원 버는 사람이 저축할 수 있는 금액은 달라지거든. 또 가족이 몇 명이냐에 따라서 달라지기도 해.
학생   아, 수입과 여건에 따라 많이 다르겠군요.

2.
진진   너 이번 방학에 아르바이트 계획 있어?
민호   아르바이트 계획은 없고 봉사 활동 하고 싶어.
진진   왜? 아르바이트 하는 게 더 좋잖아.
민호   아르바이트는 지금 당장 돈을 조금 벌 수 있어서 좋기는 해. 하지만 봉사 활동은 다른 사람을 도와주는 일이라서 삶의 의미가 있잖아. 어려운 환경의 아이들에게 영어를 가르치는 봉사를 할 거야. 아마 영어 선생님이 되기 전에 할 수 있는 좋은 경험이 될 거야. 미래를 생각한다면 그게 더 경제적인 것 같아.

진진 그렇구나, 학비가 모자라지 않는다면 봉사활동이 의미 있는 일이겠구나.

【3~5】 다음 내용을 잘 듣고 질문에 알맞은 답을 고르세요.

부부가 여유로운 노후 생활을 보내려면 미리 준비해야 한다. 하지만 한국 사람들은 아직 이런 기본적인 준비를 하지 않는 경우가 많았다.

한국의 경향신문에서 30~50대 직장인 572명을 상대로 설문조사를 한 결과, "지난 1년간 노후 준비를 했느냐"는 질문에 "아니요"라고 대답한 비율이 55.4%나 됐다. 노후가 불안하다고 대답한 비율은 80.8%나 되지만, 구체적으로 준비하지 못하고 있는 것이다.

노후 준비를 못 하는 이유에 대해, 응답자의 61.2%가 "생활비 때문에 여유가 없다"라고 답했다. "자녀 교육비와 결혼 준비금 등으로 여유가 없다"(24.3%)는 답이 두 번째로 많았다. "노후 준비를 위한 돈이 나중에 충분하다고 생각하느냐?"는 질문에 응답자의 77.3%가 "부족할 것이다"라고 했다.

현재 노후 준비를 하고 있다고 답한 사람들(44.6%)도 나중에 돈이 크게 부족할 것이라고 예상했다. 노후 준비 방법으로는 '보험'이라고 답한 사람이 32.5%로 가장 많았다. 그 다음은 국민연금(16.5%), 저축(16.1%), 주식·펀드(14.9%), 부동산(12.1%) 등의 순이었다. 행복한 노후를 위해 가장 중요한 것으로 '충분한 경제력'을 꼽은 비율은 68.2%였다.

제15과 취업과 면접

_도입 부분 30
마이클 선생님! 안녕하세요?

선생님 마이클, 무슨 일 있어요? 얼굴이 왜 그래요?
마이클 저 어떡해요? 다른 회사에 다시 지원해야 할 것 같아요.
선생님 왜요? 어제 시험 칠 때 실수했어요?
마이클 네, 너무 긴장하는 바람에 마지막 질문에 답을 못 했어요.
선생님 그랬군요. 그래도 모르니까 너무 실망하지 마세요. 다른 사람들도 실수를 했을 거예요. 힘내요.

_듣기 활동 31

【1~2】 다음 대화에 이어질 알맞은 답을 고르세요.
1. 민수 씨, 자신의 장단점을 말해 보십시오.
2. 이력서를 검토해 보고 연락 드리도록 하겠습니다.

【3~4】 다음 대화를 잘 듣고 질문에 알맞은 답을 고르세요.
1) 가: 마이클 씨, 왜 이 일을 하고 싶습니까?
   나: 네, 저는 전부터 한국문화에 관심을 가지고 있었습니다. 공부도 하고 좋아하는 일도 할 수 있는 좋은 기회라고 생각합니다.
2) 가: 유키 씨, 우리 회사에 지원하게 된 동기는 무엇입니까?
   나: 제 전공이 무역학이니까 그동안 배우고 쌓은 실력을 보여줄 수 있을 거라고 생각됩니다.
3) 가: 김민수 씨, 해외에서 일을 할 수 있습니까?
   나: 네, 물론입니다. 외국어를 전공해서 해외에서 생활하는 것을 좋아합니다.

【5~7】 다음 대화를 잘 듣고 질문에 알맞은 답을 고르세요.
유진 너 아르바이트 구하고 있어?
왕호 응, 요즘에 재미있게 즐기면서 하는 아르바이트가 많이 있다고 들었어.
유진 무슨 아르바이트인데?
왕호 물 위에서 할 수 있는 래프팅 조교도 있고, 바닷가에서 하는 조개구이 아르바이트도 있고……
유진 와, 재미있겠네.

왕호	그리고 학교 안에서 자판기 관리하는 아르바이트도 있어. 그건 짧은 시간 동안에만 열심히 하면 되는 일이라서 인기가 많대.
유진	참, 태희는 병원에서 MRI 테스트 도와주는 아르바이트한대.
왕호	그런 아르바이트도 있네. 재미도 있고 돈도 많이 벌 수 있는 아르바이트를 하는 게 제일 좋겠다.
유진	음…. 넌 체육학과니까 래프팅 조교 아르바이트가 어울릴 것 같은데 어때?
왕호	그렇겠지? 나중에 취업할 때 경력이 될 수도 있으니까 말이야.
유진	그야말로 일석이조네. 돈도 벌고 경력도 될 수 있으니까…. 그 아르바이트 잘 찾아서 지원해 봐.
왕호	그래, 나중에 아르바이트 구하면 한턱낼게.

듣기 모범 답안

제1과 안부
_듣기 활동
1. ③   2. ③   3. ①, ③   4. 식당
5. ④

제2과 외모
_듣기 활동
1. ②   2. ①   3. 미용실   4. ③   5. ②
6. ②, ④   7. 서면 근처의 원룸   8. ②

제3과 음식
_듣기 활동
1. ②   2. ③   3. 김치, 북경오리, 스시, 달팽이 요리, 파스타, 쌀국수   4. ④   5. ①, ③, ④   6. ③

제4과 질병과 치료
_듣기 활동
1. ①   2. ③   3. 약국   4. ③   5. 코를 높이는 수술, 턱을 깎는 수술   6. O, X, O

제5과 학교생활
_듣기 활동
1. ②   2. ①   3. 태권도, 아카펠라, 사물놀이
4. 사진 동아리   5. 킹카 선배가 있어서

제6과 여행
_듣기 활동
1. X   2. O   3. O   4. 다음 주 금요일   5. ③
6. 듣기대본 참조   7. ②   8. 듣기대본 참조

제7과 감정
_듣기 활동
1. ①   2. ③   3. ④   4. 듣기대본 참조
5. ④   6. ①

제8과 성격
_듣기 활동
1. ③   2. ②   3. ③   4. ③   5. ③
6. ①, ④   7. 다혈질, 급하다

제9과 문화생활
_듣기 활동
1. ①   2. ④   3. ③   4. ③   5. 뮤지컬
6. ②   7. 일요일 , 4시 반, 부산 문화회관

제10과 주거
_듣기 활동
1. ①   2. ③   3. ④   4. ③
5. 일반주택(2번째 그림)   6. X, O, O, X

제11과 정보

_듣기 활동
1. ① 2. ① 3. ④ 4. ① 5. ②
6. 여우주연상

제12과 초대와 방문

_듣기 활동
1. ③ 2. ④ 3. ① 4. 실, 돈, 연필
5. ①

제13과 후회와 실수

_듣기 활동
1. ① 2. ④ 3. ③ 4. O 5. X 6. X

제14과 경제와 생활

_듣기 활동
1. 저축할 수 있는 돈은 여러 가지 상황에 따라 달라진다.   2. 봉사활동은 의미있는 일이다.   3. ②
4. ③ 5. ①

제15과 취업과 면접

_듣기 활동
1. ④ 2. ④ 3. 면접을 보고 있다 4. ③
5. ① 6. ② 7. ③

저자 소개

이양혜
부산대학교 교육대학원 석사 (국어교육전공 : 교육학석사)
동아대학교 대학원 박사 (한국어문법론전공 : 문학석사)
현재 부산외국어대학교 한국어문학교육원 교수

이동연
부산외국어대학교 대학원 석사 (외국어로서의 한국어교육전공 : 교육학석사)
부산외국어대학교 대학원 박사과정 (외국어로서의 한국어교육전공)
현재 부산외국어대학교 한국어문화교육원 교사

구지은
부산외국어대학교 대학원 석사 (외국어로서의 한국어교육전공 : 교육학석사)
전 부산외국어대학교 한국어문화교육원 교사

쉽게 배우는 한국어
중급1 회화

초판발행	2009년 8월 10일
초판 8쇄	2023년 4월 18일
저자	이양혜, 이동연, 구지은
편집	권이준, 양승주, 김아영
펴낸이	엄태상
콘텐츠 제작	김선웅, 장형진, 조현준
마케팅본부	이승욱, 왕성석, 노원준, 조성민, 이선민
경영기획	조성근, 최성훈, 정다운, 김다미, 최수진 오희연
물류	정종진, 윤덕현, 신승진, 구윤주
펴낸곳	한글파크
주소	서울시 종로구 자하문로 300 시사빌딩
주문 및 교재 문의	1588-1582
팩스	0502-989-9592
홈페이지	http://www.sisabooks.com
이메일	book_korean@sisadream.com
등록일자	2000년 8월 17일
등록번호	제300-2014-90호

ISBN 978-89-5518-766-3　18710
　　　 978-89-5518-765-6　(set)

* 한글파크는 랭기지플러스의 임프린트사이며, 한국어 전문 서적 출판 브랜드입니다.
* 이 책의 내용을 사전 허가 없이 전재하거나 복제할 경우 법적인 제재를 받게 됨을 알려 드립니다.
* 잘못된 책은 구입하신 서점에서 교환해 드립니다.
* 정가는 표지에 표시되어 있습니다.

> 이 책은 교육인적자원부의 한국어 연수 프로그램
> 개발 지원사업의 도움으로 개발되었음.